알메달렌, 축제의 정치를 만나다

BOOK
JOURNALISM

알메달렌, 축제의 정치를 만나다

발행일 ; 제1판 제1쇄 2018년 5월 23일
지은이 ; 최연혁 발행인·편집인 ; 이연대
주간·편집 ; 김하나 제작 ; 허설
지원 ; 유지혜 고문 ; 손현우
펴낸곳 ; ㈜스리체어스_서울시 종로구 사직로 67 2층
전화 ; 02 396 6266 팩스 ; 070 8627 6266
이메일 ; contact@threechairs.kr
홈페이지 ; www.bookjournalism.com
출판등록 ; 2014년 6월 25일 제300 2014 81호
ISBN ; 979 11 86984 34 5 03300

BOOK
JOURNALISM

알메달렌, 축제의 정치를 만나다

최연혁

; 스웨덴의 알메달렌은 정치도 축제로 승화될 수 있다는 가능성을 보여 주는 행사다. 모두가 즐기면서 정치를 배우고, 정치인과 격의 없이 만날 수 있는 곳, 그리고 정치인들이 권위를 내려놓고 오로지 정책과 비전으로만 대결하는 신선한 정책 경쟁의 장이다. 그곳에서 국민은 정책을 배우고 정치를 배운다. 시민 교육과 평생 교육을 위한 21세기 판 그리스 아고라 정치인 셈이다.

차례

정치는 친해지기 쉬운 단어가 아니다. 많은 사람들이 정치는 나와 상관없는 일, 정치인의 일이라고 생각한다. 심지어 정치를 돈이 있고 출신 배경이 좋은 사람들이 이권을 챙기기 위해 하는 일이라고 말하는 사람들도 있다. 실제로 정치라는 단어 자체가 매우 부정적인 이미지를 갖고 있다. '정치적인 사람', '사내 정치' 같은 표현에서도 나타나듯, 정치는 실력으로 승부하지 않는 야비한 술책쯤으로 해석되곤 한다.

스웨덴에서 생활하다가 한국으로 돌아갈 때마다 접하는 낯선 풍경이 있다. 바로 TV에서 정치 토론이 나오면 대부분의 사람들이 채널을 돌려 버리는 것이다. 이런 분위기에서 정치적 관심이 생길 리 없다. 유권자들이 투표를 할 때 한 표의 의미를 소중하게 생각할까 싶다.

북유럽의 풍경은 완전히 다르다. 북유럽에서 정치는 일상의 토론이다. 사회적 논의가 필요한 사안이 있을 때마다 여당과 야당 정치인들이 방송에 나와 토론을 한다. 거의 매일같이 TV 뉴스에서 장관과 야당 대표, 원내 대표, 의원들이 짝을 지어 상반된 입장을 이야기한다. 논쟁은 대개 답이 없다. 그렇다고 토론이 의미 없는 것은 아니다. 토론은 국민이 선택할 수 있도록, 답을 찾을 수 있도록 돕는 과정이다. 토론 방식은 특별할 것이 없다. 서로의 입장과 원칙, 그리고 방향에 대해서 이야기를 하다가 시간이 되면 끝낸다. 논쟁은 치열하다. 사회

자는 날카로운 질문을 던져 열띤 토론을 이끈다. 하지만 토론자들은 열을 올리거나 상대방을 비하하거나 무시하지 않는다.

토론이 필요한 사안이 아니더라도 정치인은 수시로 미디어를 통해 국민과 소통한다. 큰 사고가 발생하거나 문제가 있으면 바로 그날 저녁 관련 부처 장관이 뉴스에 나와 상세히 설명한다. 자연히 오해가 줄고 정치에 관심이 생긴다. 국민은 정부의 입장과 생각을 기다리는 시간이 짧을수록 정부를 신뢰한다. 책임 있는 사람이 직접 나와 설명하니 소설 같은 예측 기사를 읽을 필요가 없다. 루머가 확대·재생산되는 일은 아예 없다.

반면 우리는 어떤가. 정부의 최고 정책 담당자가 국민 앞에 나와 설명하는 경우가 드물다. 방송에 출연해 달라는 요청을 받아도 좀처럼 응하지 않는다. 정책에 대한 식견이 모자란 것인지, 정책 자체가 국민에게 해를 줄 만한 것인지, TV에서 책임 있는 담당자의 정책 이야기를 듣기가 어렵다.

스웨덴에서 정치의 일상화는 TV에만 있는 것이 아니다. 2018년 3월 스웨덴 최대 일간지 《DN》은 열흘 동안 모든 정당의 대표들을 중앙역 광장에 매일 1시간씩 데려다 놓고 정치 현안에 대해 매서운 질문을 던졌다. 여행객들은 기차에 오르기 전에 정당 대표가 설명하는 국가 현안에 귀를 기울였다. 이 행사는 온라인으로 생중계되었고, 다음 날엔 신문 지면을 통해 보도되었다.

주요 일간 신문의 토론 코너에는 각 정당의 대표, 정책 책임자, 이익 단체, 연구 기관 등 다양한 정책 생산자들이 번 갈아 가며 등장한다. 각자의 입장과 정책 개선 방향을 놓고 갑론을박을 벌인다. 한번 논의 대상이 되면 반박하는 글이 잇따라 나온다.

스웨덴 공영 라디오는 아침 뉴스 시간에 장관들과 야당 정책 담당자들의 토론을 수시로 방송한다. 아침 뉴스를 들으며 출퇴근하는 사람들은 전날 저녁 TV로 보지 못한 내용을 라디오로 듣는다.

이렇게 TV, 신문, 라디오는 정치인들을 수시로 불러낸다. 정치에 관심이 없어도 눈길을 돌리고 발길을 옮기다 보면 내 눈 앞에 정치인이 서 있다. 그러다 보니 별도의 시사 프로그램이 필요 없을 정도다.

정책을 더 배우고 싶은 사람들은 정당의 다양한 모임에 가입한다. 예를 들어 청년들은 정당 소속의 청년회, 여성들은 여성회, 기독교인들은 기독교회, 연금생활자들은 퇴직자회에 가입해 정책을 공부할 수 있다. 모든 정당이 정치 학교를 운영하고 있기 때문에 언제나 정책 심화 학습이 가능하다.

정치색이 뚜렷한 정당과 관계없이 순전히 정책만을 공부하고 싶을 때는 학습 동아리에 가입하면 된다. 노동자 학습 동아리ABF, 자영업자 학습 동아리Vuxenskolan, 보수적 가치를 지향하는 학습 동아리Medborgarskolan, 마약 퇴치 학습 동아리MBV 등 자발적 평생 교육 학교에서 진행하는 다양한 정책 토론 프로그램에 등록해 공부할 수 있다. 정치인뿐 아니라 사회 저명인사와의 만남이 수시로 열리기 때문에 조금만 관심이 있으면 정책과 사회 현안을 숙고해 볼 수 있는 기회가 수없이 많다.

전문적인 정치 토론을 보고 싶다면 국회 방청석에서 대정부 질문, 정당 대표 토론 등을 골라서 보면 된다. 의회가 시내 중심가에 있어 접근성도 좋다. 의회 토론에서 정치인들이 호통을 치는 모습은 볼 수 없다. 처음부터 끝까지 차분한 토론이 이어지기 때문에 다소 단조롭게 느껴질 수 있지만, 조금만 내용에 귀를 기울이면 금세 정책 토론의 재미에 빠지게 된다. 각 당 대표 정책 토론에서는 한 번씩 돌아가면서 정책을 방어하는 방식도 도입하고 있다. 정부와 야당이 함께 정책을 검증받는 것이다.

의회 자체가 정책 경연장이고 정책 토론장인 스웨덴에서 국회 대정부 질문과 정당 대표 정책 대결은 국민이 정책을 공부할 수 있는 최적의 기회다. 정치권의 정책 토론과 정책 생산 능력은 정치에 대한 국민의 관심에 결정적인 영향을 미친다. 정책 토론이 활성화되어 있는 정치가 곧 국민의 정치 참여를 이끌어 내는 동력이 될 수 있다.

스웨덴의 선거 투표율은 85퍼센트 수준에 이른다. 1980 년대까지는 90퍼센트의 투표율을 보였다. 최근 인구의 20퍼 센트까지 늘어난 이민자들의 평균 투표율이 65퍼센트 수준 인 것을 감안한다면 이민자를 제외한 스웨덴 유권자들의 투 표율에는 큰 변화가 없는 셈이다. 물론 의무 투표 제도는 아니 다. 높은 투표율은 일상의 정치가 만든 결과다.

스웨덴에서 정치는 일상이고, 축제다. 많은 사람들이 관심을 갖고 알고 싶어 하는 분야인 동시에 가장 자주 접하 는 분야이기도 하다. 스웨덴 국민이 정치를 얼마나 가깝게 받 아들이고 있는지를 볼 수 있는 현장이 바로 알메달렌 주간 Almedalsveckan·The Almedal Week이다. 국회의원들이 여름 휴가철 고 틀란드Gotland섬의 작은 마을 알메달렌에 모여서 국민과 직접 만나 정책을 소개한다. 정치인과 국민이 함께 밥을 먹고 이야 기하고 춤을 추면서 소통하는 축제이기도 하다. 2017년 알메 달렌 조직 위원회의 구호는 "오셔서, 경청하고, 즐기세요"였 다. 다양한 정책 이슈가 마치 박람회에 나온 전시 상품 같다 는 의미에서 알메달렌 정책 박람회, 혹은 정치 박람회로 불린 다. 일상에서 정치를 접하는 국민은 알메달렌에서 정책을 공 부하고 정치를 배운다.

이방인인 나에게 알메달렌은 그저 하나의 연례 정치 행 사로 보였다. 20년 이상 현지 대학의 강단에 있었지만 알메달렌을 정치인만의 축제로 생각했다. 그런데 거의 모든 스웨덴 사람들이 알메달렌을 이야기하고 있었다. 대체 무엇이기에 온 국민이 관심을 보이는 것인지 궁금증이 일었다.

알메달렌에 처음 참가한 2011년, 그동안 가지고 있었던 나의 고정관념은 산산조각이 되어 부서져 버렸다. 딱딱한 정치인들만의 축제로만 여겼던 그 행사에서 반바지와 민소매 차림의 시민들은 거리 세미나와 토론, 정치인과 만나는 카페 토론, 거리에 설치된 부스, 언론인과의 거리 토론 등 수많은 행사장을 가득 메우고 있었다. 어린 학생부터 연금생활자까지 다양한 사람들이 있었다. 온 도시를 구석구석 걸어 다니며 뷔페식당에서 산해진미를 골라 먹는 것처럼 정책을 즐기고 있는 스웨덴 시민들의 모습에 매료되었다.

첫해의 충격은 이후 7년 동안 나를 알메달렌으로 이끌었다. 매년 한국에서 온 정치인, 교수, 지방 자치 단체장, 학생들과 함께 체험하는 시간을 마련했다. 스웨덴 정치인, 전문가와 함께 토론하는 세미나도 직접 운영했다. 2016년에는 도로 한쪽에서 부스를 열고, 스웨덴 시민들을 만나며 스웨덴 사회를 지탱하는 힘은 무엇인지, 그리고 스웨덴의 복지 모델을 뒷받침하는 저력은 무엇인지 거리 조사를 진행하기도 했다.

2011년부터 매년 알메달렌을 체험하고 배우면서 한국에 소개하고 싶었다. 알메달렌의 가치를 전달하고자 하는 마음으로 직접 체험한 행사를 스케치하는 형식으로 생생하게 풀어내려 한다. 이 책에는 2013년부터 2017년까지 최근 5년 간 알메달렌 현장의 모습이 담겨 있다. 세계 유일의 정책 박람회, 알메달렌은 이제 이웃 북유럽 국가들에까지 퍼져 나가 독특한 정치 행사로 자리 잡았다.

알메달렌은 정치도 축제로 승화될 수 있다는 가능성을 보여 주는 행사다. 모두가 즐기면서 정치를 배우고, 정치인과 격의 없이 만날 수 있는 곳, 그리고 정치인들이 권위를 내려놓고 오로지 정책과 비전으로만 대결하는 신선한 정책 경쟁의 장이다. 그곳에서 국민은 정책을 배우고 정치를 배운다. 시민 교육과 평생 교육을 위한 21세기 판 그리스 아고라 정치인 셈이다.

우리나라 정치 발전을 위한 작은 변화의 시작이 되었으면 하는 바람으로 글을 쓴다.

모두의 정치

화물 트럭에서 정치 축제로

1968년 7월, 당시 교육부 장관이던 울로프 팔메Olof Palme는 휴가를 내고 고틀란드섬에 머무르고 있었다. 중세 도시의 고즈넉한 성곽으로 둘러싸인 고틀란드는 스웨덴의 가장 큰 섬으로 여름 별장이 많아 휴가객들로 붐비는 곳이다.

"장관님, 오랜만에 오셨는데 지역 당 관계자와 휴가 온 시민들을 위해 간담회 하나 해주시지요!"

격무에 시달리다 가족과 함께하는 휴가 기간만은 방해받고 싶지 않았지만, 팔메 장관은 시당 위원장의 간곡한 요청을 거절하지 못했다. 다만 장관은 정식 정치 행사가 아니라고 선을 긋고, 최대한 자유로운 분위기에서 간담회를 열어달라고 요청했다.

이렇게 해서 간단한 정책 간담회가 마련되었다. 간담회장인 광장에는 아무것도 없이 덤프트럭 한 대만 서 있었다. 그리고 트럭 위에서 즉석연설이 시작됐다. 7월 초 고틀란드의 따가운 햇살 아래, 반바지 차림의 휴가객들과 시민들은 아이스크림을 입에 문 채로 모여들었다.

의회도, TV 토론회도 아닌 여유 넘치는 휴가지의 광장에서 현직 장관을 만나 궁금한 정책에 대해 묻고 답하는 간담회는 참가자들의 큰 호응을 얻었다. '트럭 연설'이 열린 작은 마을 알메달렌이 스웨덴식 열린 광장 정치의 메카가 되는 순간이었다.

팔메 장관은 총리로 임명된 이듬해에도 간담회를 열었다. 팔메 총리가 다른 정당 지도자들에게 참여를 제안하면서 변화의 움직임이 시작됐다. 처음에는 여당인 사회민주당의 당 차원 행사로 각인된 여름 정책 간담회에서 들러리가 되는 것은 아닌가 우려했던 우파 정당 관계자들도 한번 참가해 본 후에는 생각이 달라졌다. 국민과 격의 없이 자유롭게 만나는 일은 모든 정당이 찾고 있던 소통 방식이었기 때문이다.

1982년 모든 주요 정당들이 참여한 알메달렌 주간이 공식 출범했다. 좌우, 중도를 가리지 않고 모든 정당들이 참여하는 간담회는 대표 연설과 전문가 세미나로 확대됐다. 자연스럽게 언론들이 참여하기 시작했다. 이제 여름휴가가 시작되는 7월 초, 여야 정당이 제시하는 정책 콘텐츠는 국민의 관심사가 되었다. 휴가와 정치, 그리고 언론의 결합은 이렇게 출발했다.

언론이 정책 내용을 비교하고, 정당 대표들의 연설 내용을 분석해 보도하기 시작하면서 알메달렌은 '정책 배틀'로 인식되기 시작했다. 사람들이 잘 모이는 요일을 선점하기 위한 정당들의 경쟁도 가열되었다. 이를 해결하기 위해 지역 정당 대표들이 머리를 맞댔다. 매년 모든 정당들이 참가하는 정례 행사가 되었기 때문에 어느 한 정당이 특정 요일을 선점하고 진행하는 방식에서는 벗어나야 했다. 주말에는 방문객이 상대적으로 적은 반면 월요일부터 수요일 사이는 가장 많이 몰린다. 모든 정당이 주중의 하루를 배정받기를 원했다. 매년 제비뽑기를 하는 방식도 논의되었으나 혼란만 가중시킬 수 있다고 생각해 포기했다. 결국 매년 배정 요일을 하루씩 당겨 돌아가면서 맡기로 합의했다. 올해 일요일에 행사가 있는 정당은 다음 해에는 토요일, 그다음 해에는 금요일, 이렇게 하루씩 당기는 방식으로 하면 문제를 해결할 수 있었다. 지금은 7월 첫 주 일요일부터 8일째인 둘째 주 일요일까지 열린다. 알메달렌 주간의 꽃이라 할 수 있는 당 대표 연설은 이 규정에 따라 매년 요일이 변경된다.

전국 단위의 협회, 이익 단체, 그리고 기업들도 알메달렌에 큰 관심을 보인다. 유럽 연합 스웨덴 사무소 등 국내외 정책과 관련된 기관들도 참가한다. 알메달렌 주간은 이제 정책을 만들고 소비하며 정책에 영향을 주고받는 국내외 기관들이 모여 정책과 세계의 현안에 대해 논의하는 자리로 탈바꿈했다. 정치와 언론, 이익 단체까지 합류하니 행사 규모가 순식간에 불어났다. 2001년 200여 개였던 세미나는 2017년 4000여 개로 늘었고, 50주년 기념행사인 2018년에는 이보다 훨씬 많을 것으로 예상된다. 방문객도 5000명에서 4만 명으로 급증했다.

박람회 혹은 축제로 불리는 이 행사에는 모든 정책 이슈가 메뉴에 오른다. 형식이나 절차에 구애받지 않고 광장과 골목, 호텔 세미나실, 컨벤션 센터, 야외 카페, 식당, 중세 성곽에서 각종 세미나와 연설이 뷔페식으로 열린다. 참가자들은 다양한 논의를 들으며 질문하고 즐긴다.

알메달렌 주간은 이웃 국가들에도 수출됐다. 덴마크의 보리홀름Borgholm, 노르웨이의 아렌달Arendal, 핀란드의 뵈네보리Björneborg에서 알메달렌 주간과 같은 행사를 진행하고 있다. 덴마크는 6월 중순, 스웨덴은 7월 초, 핀란드는 7월 중순, 노르웨이는 8월 중순에 정책 박람회를 개최한다. 북유럽이 가장 아름다운 여름휴가 기간이라 정책에 관심이 있는 세계 각지의 관광객들이 몰려든다.

알메달렌 행사에는 누구나 참여해 정책 세미나나 부스를 운영할 수 있지만 조직위에 사전 신청서를 제출해 허가를 받아야 한다. 표현의 자유와 집회의 자유라는 민주주의의 가치를 손상시키지 않으면서 폭력이나 체제 전복을 선동하는 내용, 인권 침해를 목적으로 하는 행사, 상업적 목적 등을 차단하기 위한 절차다.

알메달렌은 우리나라의 제주도와 비슷한 관광지인 고틀란드섬의 주도 비스뷔Visby의 시내 중심가다. 고틀란드섬은 16세기까지 중요한 거점 상업 도시였고, 중세기에는 한사Hansa동맹이라는 독일 상업 활동의 중심지였다. 그 고틀란드의 핵심 지역이 알메달렌이다. 중세의 성이 감싸고 있는 섬의 중앙에 위치한 알메달렌에서 주간 세미나와 거리 행사, 저녁 축제 등이 모두 열린다. 오래된 도시 특유의 좁은 골목을 둘러싼 고풍스런 주택과 성곽, 무너진 건물에 낀 이끼가 어우러지는 독특하고 낭만적인 분위기 속에서 스웨덴의 정치는 축제로 다시 태어난다.

아름다운 중세 성곽을 배경으로 열리는 알메달렌 주간은 정치 박람회인 동시에 축제다. ⓒNews Oresund

누구나 정치인이 되는 곳

알메달렌에서 성곽 문을 관통하는 골목은 가장 붐비는 곳이다. 골목을 따라 내려가다 보면 특산물을 파는 작은 상점부터 카페, 식당, 편의점까지 들어서 있어 행사 기간 내내 북적인다. 작은 공터, 야외 테이블이 있는 카페에서는 크고 작은 정책 세미나를 만날 수 있다. 사람이 유난히 많이 운집한 곳을 들여다보면 영락없이 인기 정치인이나 기업 회장이 마이크를 잡고 있다.

골목 구석구석을 방송 기자들이 누비며 취재 경쟁을 벌인다. 인터넷으로 생중계되는 토론도 많다. 라디오 방송국 부스에서는 국가의 대형 이슈들을 시간대별로 정리해 놓고 정치인, 전문가, 예술 문화인, 방송인을 생방송 토론에 초대한다. 사람들은 출연자들의 명단이 기록된 안내판을 보고 만나고 싶은 사람들을 골라 볼 수 있다.

골목을 따라 가파른 내리막길을 내려가면 무너진 옛 건물터가 보인다. 중세의 분위기를 간직하고 있는 공터에는 큰 텐트가 설치되어 있어 각종 이익 단체와 언론사, 기업이 번갈아 가며 세미나를 연다.

사람 숲을 뚫고 조금 더 걸어가면 16세기에 지어진 건물들로 둘러싸인 광장이 하나 나온다. 이곳은 사방으로 연결되는 길이 있어 매우 인기 있는 정책 토론장이다. 방문객들이 많이 지나가는 지역이라 마이크를 들고 메시지를 전하기에는 최적의 장소다. 미리 경찰에 신고해 도로 사용료를 납부하면 허가된 시간 동안 자유롭게 이야기할 수 있다.

아직 의회에 진출하지 못한 여성당은 이 광장에서 여러 번 행사를 치렀다. 여성당 대표인 귀드룬 쉬만Gudrun Schyman은 전국적 인지도가 있는 정치인이다. 그녀의 연설은 매번 청중의 환호를 이끌어 낸다. 여성당이 연설할 때는 광장이 정당 로고색인 분홍색 물결로 가득 채워진다.

극우 정당인 스웨덴 민주당의 연설도 이곳 광장에서 주로 진행된다. 2014년 당시 스웨덴 민주당 대표였던 임미 오케숀Jimmie Åkesson의 연설을 들은 적이 있다. 오케숀은 30대 젊은 정치인으로 연설 능력이 뛰어나 젊은 유권자들과 중장년들 사이에서 넓은 지지층을 확보하고 있었다. 외국인 정책에 대해 이야기할 때에는 환호와 야유가 뒤섞였다.

스웨덴의 전통과 가치를 강조하면서 이민자 혐오주의를 보이는 이 정당은 도시보다 농촌 지역에 지지 세력이 많다. 특히 실업률이 높은 중소 도시에서는 절대적 강세를 나타낸다. 최근 두 번의 선거에서 지지율이 급속도로 성장해 현재 스웨덴 8개 정당 중 3위를 기록하고 있다.

광장 한구석에는 고틀란드시 부스가 설치돼 있다. "고틀란드로 이사 오세요"라는 인사말과 함께 시장이 직접 팸플릿을 나눠 주고 있다.

광장을 왼쪽으로 끼고 조금 더 내려가면 탁 트인 열린 공간이 나온다. 호수가 있고, 그 뒤로 바닷가가 알메달렌을 품고 있다. 길 양쪽에는 방송사 스튜디오가 있다. 생방송으로 진행되는 방송 토론을 보기 위해 관중이 몰린다. 이때만큼은 정치인들이 아이돌보다도 높은 인기를 누린다.

호수 앞에는 대형 국제회의장, 고틀란드 대학 도서관과 캠퍼스가 자리를 잡고 있다. 이 건물들은 알메달렌 행사 기간에는 정책 토론장으로 개방된다. 워낙 신청자가 많아 1년 전부터 미리 준비하지 않으면 예약하기가 어렵다.

대학 도서관을 오른쪽에 두고 항구 쪽으로 방향을 틀면 신문사 부스, 정당 부스, 청년회 부스가 있다. 음료수, 볼펜, 배지, 다양한 기념품, 자료집 등이 비치되어 있어 하나씩만 모아도 금세 가방이 무거워진다. 어깨띠를 두른 행사 관계자들과도 자연스럽게 대화할 수 있다. 무지개색의 어깨띠를 두른 HBTQ(Homo Bi Trans Queer Sexual·LGBTQ의 스웨덴식 표기) 연합회도 보인다. 매년 5월마다 게이 퍼레이드를 여는 단체다. 그 옆 큰 공터에는 스톡홀름 외교 정책 연구소, 국제 원조국, 구호 단체들이 운영하는 큰 부스가 자리 잡고 있다. 이민, 인권, 성 평등, 테러 등이 주요 이슈로 등장한다. 외교부 장관, 국방부 장관, 평등부 장관, 차별 옴부즈맨Diskreminerings ombudsman[1], 민간단체 및 전문가들의 토론이 열리면 인근 골목

전체가 북적인다. 텐트 안은 물론이고 텐트에 들어가지 못해 밖에서 TV 화면과 스피커로 실시간 중계를 시청하는 이들이 몰려 장사진을 이룬다.

항구 접안 시설이 있는 곳에서는 또 다른 부스들이 관람객을 맞이한다. 치과 의사 협회에서 설치한 이동 치과 진료소 앞은 간단한 진료를 받을 수 있어 늘 긴 줄이 늘어서 있다. SOS 센터에서는 100명의 자원자들을 모아 놓고 인공호흡법을 교육한다. 참가자들이 마네킹을 바닥에 눕혀 놓고 실습을 한다. 근처에 서 있는 행사 진행 요원들에게 예약을 해야 연습에 참가할 수 있다. 교육이 끝나면 SOS 센터에서 제작한 인공호흡 마네킹을 가져갈 수 있어서 많은 인기를 끌고 있는 프로그램 중 하나다.

요트들이 정박해 있는 항구에서는 경찰 부스가 가장 먼저 눈에 들어온다. 경찰관들이 서서 지나가는 행인들을 대상으로 안전 장비들을 보여 준다. 어린아이부터 나이 든 노부부까지 다양한 연령층이 관심을 보인다. 어두운 밤 안전에 필요한 리플렉스도 하나씩 나눠 주고 있다. 빛을 반사하는 리플렉스는 운전자가 보행자를 쉽게 발견할 수 있도록 돕는 반사경으로, 재킷, 팔찌, 장갑, 신발 등에 부착할 수 있다. 밤에 산책을 나갔다가 교통사고를 당하는 것을 예방하기 위한 경찰의 세심한 배려다. 경찰 부스 옆에 설치되어 있는 약국 부스에서는 안전과 건강을 주제로 세미나가 열린다. 부스 앞에서는 하얀 약사복을 입은 약사들이 나와 선탠로션을 나눠 준다.

동쪽 성곽 문부터 항구까지 걸어서 1킬로미터 정도. 설렁설렁 기웃거려도 하루가 훌쩍 지나간다. 연령도, 성별도, 직업도, 성 정체성도 모두 관계없이 각자의 의견과 생각을 밝힐 수 있는 것, 이것이 바로 생활 속의 정치다.

국영 라디오 방송 SR 스튜디오 앞에서 정치인들이 출연을 기다리고 있다.

영어만큼 중요한 언어, 수화

알메달렌 주간이 열리는 일주일간, 4000개에 가까운 행사가 열린다. 행사를 고르는 것부터가 쉽지 않다. 그래서 어린아이부터 노인까지, 알메달렌 주간을 찾은 거의 모든 참가자들의 손에는 조직위의 책자가 들려 있다. 모든 프로그램을 정리해둔 이 책은 알메달렌을 탐험하기 위해 필요한 내비게이션과 같은 존재다. 2015년부터는 스마트폰에 앱을 설치하면 책자와 똑같은 정보를 볼 수 있다.

책자에는 세미나를 조직한 기관명, 담당자 이름, 연락처, 행사의 간단한 내용 요약, 참가자 이름 등이 실린다. 이와 함께 세미나 참가자들의 편의를 위한 몇 가지 필수적 정보가 제공된다. 커피, 차, 샌드위치와 같은 간단한 음료가 제공되는지, 칵테일, 와인과 같은 알코올음료도 함께 제공되는지 상세하게 적혀 있다. 행사에서 사용하는 언어 정보도 필수다. 영어인지, 스웨덴어인지, 혹은 통역이 함께 제공되는지 등의 정보가 실린다.

많은 정보 가운데서 눈길을 끄는 것은 바로 장애인의 접근성과 관련한 정보들이다. 행사 장소에 장애인들이 접근할 수 있는 엘리베이터나 계단 보조 기구가 설치되어 있는지, 청각 장애인을 위해 수화를 제공하는지가 핵심 정보에 포함된다. 알메달렌에서 수화 통역은 외국어 통역 이상으로 중요한 행사의 요건이다.

알메달렌의 하이라이트인 저녁 7시 당 대표 연설은 반드시 수화 통역사를 대동하고 진행된다. 행사장에서 떨어진 공원의 분수대에 설치된 대형 스크린은 당 대표의 연설 모습과 함께 수화 통역을 띄운다. 모든 사람이 행사에 참여하고 정보를 얻을 수 있도록 하는 것이다.

장애인을 포함한 모든 사람들이 정치에 참여할 수 있도록 돕기 위해 어떤 노력을 하는지 궁금해 조직위를 찾았다. 카린 린드발Karin Lindvall 조직위 사무총장을 만날 수 있었다. 그녀는 1995년부터 19년 동안 알메달렌 행사를 조직해 온 이 행사의 숨은 공로자로 2014년 올해의 고틀란드인상을 수상했을 정도로 지역에서 지명도가 높은 인물이다.

린드발 사무총장은 알메달렌이 이렇게 큰 행사로 성장할지는 몰랐다고 말한다. 그는 처음부터 크게 시작했다면 분명 실패했을 거라고 했다. 시민의 참여는 조직한다고 이뤄지는 것이 아니라는 얘기다. 알메달렌은 처음 시작할 때는 그저 작은 지역의 정치 행사였지만, 모든 정당이 참여하고 정당 대표들이 직접 찾아와 연설을 하면서 자연스럽게 정치인의 행사가 아니라 국민의 행사로 성격이 바뀌었다. 자발적으로 참여하는 시민들이 늘면서 알메달렌이 성장할 수 있었다.

행사가 커지면서 조직위는 모든 사람이 안전하게 즐길

수 있는 환경을 신경 쓰지 않을 수 없었다. 알메달렌은 성곽에 둘러싸여 있는 가파른 언덕 위에 지어진 도시이기 때문에 장애인이 접근하기 쉽지 않은 곳에 행사장이 만들어지는 경우가 많다. 조직위는 장애인 접근성을 높이기 위해 고틀란드 대학과 협의해 캠퍼스의 세미나실을 개방하고, 대강당 같은 공공 시설물도 활용했다. 지역 호텔들도 회의장을 세미나장으로 제공했다.

대형 행사장이 없었던 고틀란드시는 2003년 국제회의장 시설을 짓기로 결정하고 260억 원을 들여 2007년에 완공했다. 지금은 중대형 세미나 및 강연 등은 국제회의장 컨퍼런스 회의실에서 열려 장애인과 노약자의 접근성이 좋아졌다.

알메달렌의 성공 요소로 꼽히는 참가 단체들의 천막 행사도 접근성을 높이는 동력이 됐다. 누구나 진입하기 쉬운 항구 정박장과 가까운 주변 도로에 설치한 천막은 행사의 분위기를 돋우는 역할까지 하니 일거양득이었다.

상업적인 목적으로 진행되는 행사는 사전 심사에서 배제되기 때문에 천막들은 모두 공익적 주제를 내걸고 이벤트를 벌인다. 천막 행사는 청소년과 대학생이 거리를 오가며 자연스럽게 정치에 관심을 갖게 되는 계기로도 작용한다. 특히 어린이들이 정치를 배우는 교육장으로 활용되고 있다.

초기의 알메달렌은 비장애인이 다수인 지역 축제였다.

그러나 이제는 장애인을 포함한 모든 국민이 함께하는 스웨덴의 정치 축제로 거듭났다.

마그달레나 안데르손(Magdalena Andersson, 왼쪽) 재무부 장관의 연설이 수화 통역되고 있다. ⓒ고틀란드시

전함 위에서 열리는 양성 평등 세미나

알메달렌 항구에 정박해 있는 구축함으로 발길을 옮긴다. 국방부가 마련한 세미나에 참석하기 위해서다. 스웨덴 국방부는 매년 칼스크로나Carlskrona 전함을 알메달렌에 보내 행사 기간 동안 발생할 수 있는 테러에 대비하는 한편, 시민들에게 함정 일부 시설을 개방해 국방 교육의 장으로 활용하고 있다. 함정 위에서 열리는 다양한 세미나는 시민들의 발길을 붙잡는다. 2017년에는 어떻게 하면 사회 각 분야에 더 많은 여성들이 진출할 수 있을지, 여성 롤모델의 존재가 여성 지도자 육성에 어떤 영향을 미치는지가 주제였다. 각 분야의 여성 지도자들이 세미나에 참석해 열띤 토론을 벌였다.

선상에 흰 텐트를 둘러치고 만든 세미나장에는 60여 명의 관객이 자리를 잡고 있다. 참석자들의 명단을 보니, 미카엘 비덴Mikael Bydén 군 참모총장, 에리카 스벤손Erika Svensson 중소기업 리더십 협회장, 아만다 룬데텍Amanda Lundeteg 올브라이트AlBright 여성 경영인 재단 이사장, 쉐스틴 룬데베리Kerstin Lundeberg 아카데미스카 후스Akademiska Hus 대학 캠퍼스 개발원장[2], 한나 레이드홀트Hanna Leidholdt 스웨덴을 위한 교육 협의회 이사의 이름이 보인다.

국방부가 앞장서서 여성 지도자를 더 많이 배출하기 위한 전문가 토론을 시도하는 것 자체가 신선하게 다가온다. 군대는 전통적으로 남성 지배적 세계가 아니던가. 그래서 군은 성 평등의 사각지대이기도 하다. 세미나에서는 여군의 인권 문제가 취약하다는 비판이 끊이지 않는다. 사회자는 군이 능력 있는 여성 장교를 더 많이 필요로 하는데도 중도에 탈락하는 여성 지원자가 많다고 설명하면서, 여성 장교를 체계적으로 훈련시켜 유능한 인재로 길러 내기 위해 어떤 노력이 필요할지 알아보기 위한 세미나라고 전한다.

매년 상장 대기업의 여성 임원 비율을 발표해 관심을 받고 있는 올브라이트 여성 경영인 재단의 룬데텍 이사장은 여성 지도자 비율을 확대하기 위해서는 남성 중심적 문화를 바꾸는 것도 중요하지만, 여성의 적극적인 자세가 필요하다고 강조한다. 여성 경제인들의 대기업 이사회 참여 비율, 여성 경영인들의 기업별, 산업별 임금 수준 및 근무 조건 등을 다루는 보고서를 발표하는 올브라이트 재단의 결론은 남성 중심의 관행과 기존의 가치를 바꾸기 위해서는 여성들의 노력이 불가피하다는 것이다. 여성들이 적극적으로 기득권과 맞서야 한다는 룬데텍 이사장은 당장의 불이익과 심리적 부담으로 충돌을 회피한다면 변화는 요원하다고 말한다.

세미나에 참석한 전문가들은 기업의 여성 임원 비율이 상대적으로 낮은 이유가 하부에서 중간으로, 그리고 중간에서 최상위층으로 올라가는 피라미드 구조에서 중도 탈락률이 높기 때문이라고 분석하고 있다. 여성 이사, 여성 최고 경영자가 많이 나오지 못하는 것은 능력 있는 여성이 중도에 탈락하는 비율이 남성에 비해 높아서다. 여성의 능력이 문제가 아니라 최고위층의 시스템을 아직도 남성이 지배하고 있기 때문이라고 본다. 더불어 이 장벽을 깨려는 여성 스스로의 노력과 능력의 부재도 원인의 하나로 지적한다.

비덴 참모총장은 군대 내 성 소수자의 인권 보장을 위해 평등권의 기초 위에서 사병과 장교에게 인식 교육을 하고 있다고 말한다. 소수자의 목소리와 요구 사항을 수시로 경청하는 것이 중요하다는 점을 일깨운다. 당사자의 목소리에 귀를 닫고 있으면 군대는 인권 사각지대가 될 수밖에 없다는 것이다. 그는 인권 보호를 위해서는 최고 결정권자의 열린 자세가 중요하다면서 지도자층의 다양성 차원에서 여성 지도자의 필요성을 역설한다.

자살, 총기 사고, 부대 이탈 등도 자세히 들여다보면 차별적 구조의 방치라는 원인이 있다. 걸출한 여성 장교들을 더 많이 배출해 군 내 성차별을 해소하는 것이 튼튼하고 안전한 국방으로 이어진다는 비덴 참모총장의 말에 공감했다.

스웨덴은 전함이라는 특별한 세미나장에서, 가장 남성적 조직이라는 군대의 평등과 인권 문제를 논하는 나라다. 물론 성 평등 지수 면에서 세계 각국 가운데 가장 앞서 있다는 스웨덴에도 눈에 보이지 않는 구조적 장벽은 있다. 그러나 이러한 장벽은 사회 복지와 가족 정책 지원 제도를 통해 많이 해소됐다. 무상 교육과 학업 수당을 통한 남녀 기회의 평등, 직장 민주화를 통한 임금 평준화, 경력의 단절과 육아로 인한 직장 내 차별의 해소, 노동 환경에 따른 건강 문제, 특히 산모와 중년 여성, 장애인 여성의 건강 문제 해결, 남녀 연금생활자의 연금 격차 해소 등이 복지와 가족 정책으로 인한 성과다.

그중에서도 정치 분야의 성과는 주목할 만하다. 스웨덴의 여성 국회의원 비율은 45퍼센트 수준에 이른다. 지방 정치에서도 남녀 간 비율에 큰 차이가 없다. 내각의 장관직도 남녀가 반반씩 나눠 갖고 있다. 스웨덴 정치권의 남녀평등을 살피는 것은 경제계 등 다른 분야에 여전히 남아 있는 성차별 문제를 극복할 수 있는 출발점이 된다.

우선 스웨덴에서는 정계에 진입하는 문이 모두에게 활짝 열려 있다. 여성 정치 지망생의 수가 남성과 비교해서 큰 차이가 없다. 지방 정치는 봉사직이기 때문에 직장 생활을 하고 있는 사람이 여가 시간을 활용해 정치를 택한다. 자녀의 교육, 학교 문제, 장바구니 경제, 탁아소, 노인 복지 등과 같은 생활 이슈에 비교적 관심도가 높은 여성이 오히려 더 적극적으로 정치에 참여한다. 여성의 참여가 많다 보니 상임 위원 및 상임 위원장 선출에서도 남녀가 균등한 기회를 부여받는다.

인재 수급 단계에서부터 능력 있는 여성이 많이 포함되고, 중간 관리자 수준에서도 많은 여성이 후보로 선택된다. 비례대표 국회의원 명부 역시 권역별 후보자를 당원들의 투표로 결정하는 구조다. 당선 가능성이 있는 순위에 여성 후보가 많이 들어가고, 피라미드의 상층부로 올라가더라도 여성이 탈락하지 않는 이유다. 결국 최상위층에도 여성 인재가 넘친다. 여성 장관, 여성 당 대표가 쉽게 나올 수 있다. 권력은 자연스럽게 분점된다.

이와 같은 시스템을 각 분야에 적용하면 어떨까 하는 생각을 해본다. 자연스럽게 성차별적 요소는 사라질 수밖에 없지 않을까. 핵심은 당원이 실질적 권한을 갖는 후보 공천과 투표 제도라 할 수 있다. 즉 정당 민주화다. 사회 전 분야에서 성별과 무관하게 활동하는 분위기가 되기 위해서는 분야별 민주주의democracy by sector가 이루어져야 한다. 이렇게 본다면 민주주의라는 정치 제도는 각 분야의 민주화를 제대로 이뤄지게 하는 시스템이라고 할 수 있다.

지금 전 세계를 강타하고 있는 미투MeToo 운동도 결국은 오랫동안 사회를 지배해 왔던 남성의 우월적 권력하에서 생존을 위해 고통을 감내했던 여성들의 분노가 폭발한 것이다. 여성들이 용기를 내어 목소리를 냈기 때문에 변화의 불씨가 꺼지지 않을 수 있었다. 권위에 눌려, 상하관계의 구조 속에서 밝혀지지 않은 고통스런 이야기가 여전히 많을 것이다. 고통에 공감하고 아픔을 공유할 수 있는 사회적 공감대 없이는 미투 운동의 확산이 쉽지 않다. 사회가 변해야 피해를 입은 여성들이 용기를 낼 수 있다.

유엔 여성 위원회 스웨덴 지부에서 설치한 천막 스튜디오 앞에서 마가렛다 빈베리(Margaretha Winberg) 전 법무부 장관이 인터뷰를 하고 있다. 뒤의 배너에는 "양성 평등은 인권입니다"라고 쓰여 있다.

재즈와 연금의 상관관계

고틀란드 항구에서 300미터쯤 걸었을까. 더 이상 앞으로 걸어가기 힘들 정도로 인파가 북적인다. 옆길에 있는 카페와 레스토랑에서 풍겨 나오는 진한 에스프레소 냄새와 갓 구운 빵 냄새가 후각을 자극한다. 항구 크루즈 선착장 길을 따라 설치된 텐트 전시장들이 보인다. 어디선가 흥겨운 재즈 음악이 들려와 고개를 돌릴 수밖에 없었다.

"잠깐 들어와 보고 가세요."

나이가 지긋한 어르신 세 분이 우리 일행을 반갑게 맞이한다. 30명 정도가 꽉 들어찬 텐트 안에는 각종 자료, 기관신문, 기념 배지, 볼펜, 로고가 새겨진 컵과 소품들이 진열되어 있다. 기념품은 무료라는 말에 잠시 머뭇거리던 손들이 바삐 움직이기 시작한다. 팸플릿에 쓰인 문구를 보니 연금 퇴직자 협회PRO였다.

55세부터 회원이 될 수 있는 이 단체는 회원들을 위한 창업 및 교양 강좌를 열고, 단체 여행 등을 기획하는 이익 단체다. 평생 동안 일을 하고 낸 세금으로 받는 연금에 일반 봉급생활자보다 높은 세금이 부과되는 것을 부당하다고 보고 정부에 압력을 행사하고 있다.

어깨띠를 두르고 있는 한 분이 질문을 받아 열심히 설명해 준다.

"저는 평생 교사로 일했어요. 지금 67세인데 세전 1만 9000크로나(약 230만 원)를 매달 받고 있어요. 세금을 공제하고 나면 1만 5200크로나(약 185만 원)밖에 남지 않아요. 일반 봉급자들이 봉급 공제 수당 등을 받고 있는 것과 비교하면 연금생활자들은 상대적으로 불이익을 받고 있는 셈이죠. 우리 연금으로 일반 봉급생활자의 공제분을 보태 주고 있는 셈이에요. 노인 빈곤율이 높아지고 있는 원인 중의 하나입니다."

옆에 서 계신 분이 거든다.

"저는 30대 때부터 간호사로 근무했어요. 20대에는 아이를 낳아 기르면서 대학에 다녔고요. 20대에 대학에 다니면서 빌린 교육 융자금으로 생활비, 기숙사 비용, 교재 구입비 등을 충당했어요. 저금리였기 때문에 거의 원금만 상환하는 것이었지만 그래도 부담이 컸어요. 중간에 아파서 일을 하지 못하는 기간에는 실업 기금을 받았고, 아플 때는 질병 수당을 받았습니다. 지금은 연금을 받아 생활하고 있으니 스웨덴의 거의 모든 복지 혜택을 받아 본 셈이에요. 하지만 제가 일할 때 봉급의 30퍼센트 이상을 국가에 세금으로 지불했으니까 지금 다시 돌려받는 거라고 생각합니다."

스웨덴에서는 고령자들이 나이가 들수록 활동량과 씀씀이가 줄어든다는 통계를 바탕으로 연금 책정도 나이와 연동해서 축소하는 제도를 운용하고 있다. 그러나 고령 연금생활자들은 이 같은 제도 운용 방식이 노인의 생활을 갈수록 어려워지게 만든다고 불만을 토로한다.

"그래도 지금 삶에 만족하고 계신가요?"

경청하던 일행 중 한 사람이 질문을 했다. "소박하지만 만족한다"는 답이 돌아왔다. 1년에 한 번씩 여행도 하고, 헬스클럽에서 운동도 하고, 그림도 배운다고 한다. 모두 안정적으로 지급되는 연금이 있기 때문이라고 덧붙인다.

연금에 부과되는 과중한 세금을 비판하면서 정부에 압력을 가하고 있는 단체지만, 정부가 잘하고 있는 것, 좋은 정책에 대해서는 솔직하게 칭찬한다. 우리였다면 연금 제도의 장점을 이야기하려는 회원의 발언 기회를 빼앗아 버렸을지도 모를 일이다. 그러나 스웨덴의 연금 퇴직자 연합은 연금 제도 자체를 비판하는 것이 아니라, 어디까지나 개선되어야 할 점을 지적하고 있다는 것을 강조한다.

"이익 단체이기는 하지만 우리만 잘살기 위해 활동하지는 않습니다. 우리가 추구하는 것은 태어나서 생을 마칠 때까지 모든 사람이 동등하게 삶의 질을 누릴 수 있는 사회를 만드는 것이기 때문에 사회의 다른 구성원들을 위해서도 지원을 해주고 있습니다. 장애인, 소수자의 행복을 위해 공동 활동도 전개하고 있어요."

질문이 계속해서 쏟아진다. 참석자들은 30여 명의 연

금 퇴직자 협회 관계자들을 에워싸고 이야기를 듣는다. 즉석에서 작은 토론회가 열리고 치열한 논쟁도, 따뜻한 대화도 자연스럽게 오간다.

한쪽 구석에는 커피와 음료, 간단히 먹을 수 있는 쿠키와 빵이 놓여 있다. 관심을 보이니 관계자가 다가와 직접 커피한 잔을 따라 주면서 말을 건다.

"빵과 쿠키는 오늘 새벽 제가 구웠어요. 맛있게 드세요."

배경 음악으로 잔잔한 재즈가 들려온다. 아침 햇살이 스며드는 텐트 세미나장은 카페 같기도, 춤을 출 수 있는 클럽 같기도 한 묘한 분위기다. 커피를 마시며 재즈 음악과 함께 들려오는 스웨덴 연금 문제에 대한 토론. 낯설지만 신선하다. 나의 삶이 중요하듯, 남의 삶도 중요하다는 것. 커피를 마시고 좋은 음악을 들으면서 친구를 사귀는 것이 연금 문제에 대한 논의만큼이나 중요하다는 것. 우연히 들어간 작은 텐트에서의 경험은 일상과 정치가 어떻게 하나가 되는지 보여 주고 있었다.

알메달렌의 원자력 폐기물 운반선

알메달렌에는 정당 관계자들과 시민들의 목소리만 있는 것은 아니다. 많은 사람들이 모이다 보니 기업들도 전시장을 열고 회사의 기술이나 상품을 홍보한다. 나는 굳이 알메달렌까지 와서 기업 홍보 전시장을 찾고 싶지는 않았다. 그러나 원자

력 폐기물 운반선을 전시하는 기업 SKB가 전시장을 열었다
는 얘기에 귀가 번쩍 뜨였다. 지인을 통해 연락하니 나와 동행
한 한국인 방문객을 위한 시간을 예약해 주었다.

원자력 폐기물 운반선이 정박한 항구를 찾았다. 우리를
맞은 사장과 직원은 세상에서 가장 안전한 핵 운반 시설이니
걱정하지 말라는 얘기로 인사를 대신했다. 이어 전시장에 설
치된 그림 패널을 보면서 원자력 폐기물이 어떻게 운반되고
저장되는지 설명해 주었다.

스웨덴에는 14기의 원자력 발전소가 있다. 원자력 폐기
물은 계속해서 쌓일 수밖에 없는 구조다. 스웨덴 정부는 어떻
게 하면 방사성 물질의 유출 없이 원자력 폐기물을 보관할 것
인지 고민하다가 원자력 폐기물 전문 기업 SKB와 폐기물 보
관 계약을 체결했다. 하지만 운송 방법이 문제였다.

원자력 폐기물을 지상에서 자동차로 옮기다 충돌 사고
가 나면 방사능 물질이 노출되어 도로 인근의 주민에게 상상
도 할 수 없는 피해를 줄 수 있다. 이 문제를 해결하기 위한 방
법이 해상 운반이다. 냉각수 확보를 위해 바닷가에 지어지는
원자력 발전소의 특성을 활용해 바다를 따라 폐기물 저장 시
설까지 운반하는 방식이 가장 안전하다는 것이 스웨덴 정부
의 판단이다. 1988년부터 원자력 폐기물 해상 운반 기술을 개
발해 온 SKB가 폐기물 운반을 맡게 되었다.

폐기물 저장 시설은 암반이 튼튼하고 지하수가 없으며, 주민 거주 지역과 10킬로미터 이상 떨어져 있는 지역의 지하 2000~4만 미터 지점에 구멍을 뚫어 폐기물 유출을 차단하는 방식으로 건설된다.

원자력 폐기물 저장 시설이 건설된 지역에서 주민 반대가 없었는지 궁금했다. 우리나라에서는 혐오 시설, 오염 시설이 들어오면 주민들과 환경 운동가들이 반대 시위를 하는 경우가 대부분이다. 스웨덴의 해결책은 이렇다. 폐기물 담당 부처 대표, 폐기물 운반선을 설계한 SKB 핵심 엔지니어, 후보 지역 기초의원, 시민들이 정기적으로 모여 공청회를 열었다. 정부는 국내외 원자력 전문가들에게 조사를 의뢰해 신빙성 있는 안전 진단 결과를 내놨다. 고용 창출, 지역 발전 효과에 대해 분석하고, 정부 예산으로 특별 지역 발전 기금도 출연했다.

사장은 "원자력 폐기물을 육상이 아닌 해상 경로로 운반해서 곧바로 지하 깊숙이 보관하기 때문에 주민들의 생활에 지장을 주거나 미관을 해치지 않는다고 집중적으로 홍보했다"고 덧붙였다.

주민들이 가장 걱정하는 안전 문제에 대해 투명하게 공개하고, 도시 미관을 전혀 해치지 않는 지하 매장 방식으로 피해를 최소화했다. 게다가 도시 발전 기금이라는 큰 규모의 자금이 지원된다고 하니 최종 후보지 두 곳의 주민들이 반대는 커녕 어떻게 하면 유치할 수 있겠는지 문의하더라는 것이다. 지역 협의체와 시장은 정부를 상대로 로비까지 벌였다고 한다.

안정성과 접근성, 지질 특성 등을 체계적으로 검토하는 전문가의 과학적 조사를 바탕으로 경제성 등을 공정하게 심사한 결과, 외스트함마르Osthammar시가 최종 낙점됐다. 정부의 결정 이후, 선택된 지역과 탈락한 지역의 주민들 중 어느 한쪽도 반대하거나 문제를 제기하지 않았다. 이미 채택된 지역의 주민들은 주민 투표에서 절대적 찬성을 얻은 상태였고, 탈락한 지역 주민들은 객관적 자료에 근거한 판단이었기 때문에 정부의 결정에 이의를 제기하지 않았다.

설명을 듣던 중 일행 한 분이 질문을 던졌다. 해상에서 운반선이 침몰하면 바다 생태계와 연안 주민들의 안전은 어떻게 되느냐는 것이다. 나 역시 배가 난파하기라도 하면 방사성 물질이 유출될 위험이 우려됐다. 바다가 완전히 오염되는 사태는 더 큰 피해를 초래할 수도 있다.

답변은 이렇다. 운반선은 침몰하더라도 폐기물이 유출되지 않도록 제작된다. 해저에 폐기물을 저장하는 저장고와 동일한 기준으로 배를 제작하기 때문이다. 더불어 충돌 사고를 막기 위해 특수 항법 장치를 설치하고 비상 상황 대응 시뮬레이션도 만들어 두고 있다.

전 세계적으로 일고 있는 원자력 발전소 안전 문제에 대해 다시 한번 생각해 보게 된다. 이미 우리 생활의 일부로 자리 잡은 원자력 발전소를 완전히 없애는 일은 쉽지 않다. 그렇다면 전문가와 주민이 투명하게 정보를 교환하면서 지속적으로 안전을 점검하는 일이 가장 중요한 과제가 될 것이다.

정치하는 아이들

한 사람이 경호원의 호위를 받으며 오래된 성당 앞을 바삐 지나간다. 경호원이 있는 것으로 보아 정부 고위직이라는 것을 짐작할 수 있다. 자세히 보니 프레데릭 라인펠트Fredrik Reinfeldt 총리[3]였다. 그런데 내 앞을 스치며 지나가던 총리 일행이 마이크를 들이대며 길을 막아선 세 명의 어린이들 앞에 갑자기 멈춰 섰다.

"총리님은 어릴 때 꿈이 무엇이었나요?"

총리가 세 명의 어린이 기자단을 향해 웃으며 대답한다.

"저는 연극배우가 되고 싶었습니다. 그래서 학교 연극반에 들어가 열심히 연기 공부를 하면서 학교 행사가 있을 때마다 연극 공연을 했습니다. 지금 생각해 보면 연극 경험이 정치를 하는 데 큰 도움이 된 것 같습니다."

총리의 모습을 발견한 사람들이 빙 둘러서서 어린이 기자단과의 즉석 기자 회견을 관람하기 시작했다. 어린이들은 질문을 이어 갔다.

"그런데 왜 정치를 하시게 되었나요?"

총리는 지역 정치인이었던 부모님을 따라 지방 의회 회의에 참석했던 어린 시절을 회고하면서 "정치인들의 진지한 토론 모습이 좋아서 관심을 갖게 됐다"고 말했다. 고등학교 때에는 학생회장에 출마하고 정당 청년회에 가입하면서 정치를 배웠고, 대학에서는 보수당 전국 학생회를 이끌었다고 덧붙였다.

다른 어린이 기자가 날카로운 질문을 던진다.

"눈이 나쁜데도 경제적인 이유로 안경을 쓰지 못하는 어린이들이 있습니다. 어떻게 생각하시는지요?"

어린이들이 생활 속에서 접한 문제점을 정치와, 정책과 연결해서 생각한다는 것이 놀라웠다. 어른 흉내를 내는 것도 아니고, 어른들이 기대하는 순진한 모습만 보이는 것도 아니다. 스스로 고민하고 발견한 질문을 던진다.

"경제적으로 어려운 가정에 눈 검사와 안경 구입을 지원하는 제도가 있어요. 하지만 더 정확히는 경제적 지원에 대한 판단은 도 단위의 병원에서 합니다. 어린이들의 눈 건강과 안경 지원에 대해 지역 정치인들이 적극적으로 관심을 가지고 살펴봐야 한다고 생각합니다."

어린이 기자는 "정당 대표로서 같은 당 도의원들에게 어떤 말씀을 하겠느냐"며 날카로운 질문을 이어 갔다. 어린이 기자의 질문은 어린이가 어른에게 도움을 구하는 차원의 질문이 아니라, 시민으로서 당 차원의 대책을 묻는 질문이었다.

"제도가 제대로 작동되고 있는지 확인하고 다른 정당들과도 협의해 경제적 도움이 절실하게 필요한 어린이들에게 혜택을 주는 제도를 지속적으로 만들 수 있도록 하겠습니다."

고맙다는 인사를 하고 인터뷰를 마치는 어린이 기자에게 다가가 어느 단체에서 나왔는지 물었다. '5월의 꽃Majblomman' 어린이 기자단 소속이라는 이들은 매년 어린이의 이익과 관계되는 질문을 선정해서 알메달렌 주간에 참가하는 정당 대표들에게 묻는다고 답했다. 일주일간 열리는 행사에서 모든 정당 대표를 찾아가 같은 질문을 한다.

어린이 기자단은 지나가다 만난 총리에게 불쑥 마이크를 들이댄 것이 아니었다. 미리 정당과 조율해서 인터뷰 시간을 정해 두고 정식으로 인터뷰를 신청한 것이었다.

어린이 기자단과 헤어져 광장으로 향하는 길, 골목마다 형형색색의 화려한 복장을 하고 자전거를 타거나 손수레를 밀고 다니며 다양한 정치적 메시지를 전파하는 어린이들과 청소년들이 보인다.

총리 스스로가 그랬던 것처럼, 어린 시절부터 사회 이슈에 눈을 뜨고 문제의식을 체화한 이 학생들 가운데 미래의 정치인, 총리감이 있겠구나 하는 생각이 스친다.

성벽이 둘러싸고 있는 호수 주변을 걸었다. 눈을 감고

쏟아지는 햇빛을 즐기는 젊은 연인들, 산책로를 따라 바닷가를 향하는 노부부, 오후 7시에 열리는 정당 대표 연설을 보기 위해 일찌감치 자리를 잡은 청년들이 보인다.

어린이 기자단이 정치인을 인터뷰하고 있다.

당 대표들의 록 페스티벌

노을이 내려앉기 시작하는 저녁 7시. 알메달렌 주간의 꽃이라 불리는 정당 대표들의 노상 연설이 시작되는 시간이다. 오후 3시쯤 되면 알메달렌 호숫가의 무대 주변 잔디 위에 담요를 깔아 놓고 피크닉을 즐기는 사람, 낮잠을 즐기는 사람, 책을 펼치고 독서하는 사람이 늘기 시작한다. 주변에는 정당 로고가 찍힌 책자를 나눠 주는 당 관계자들이 보인다. 어린이들을 위해 즉석에서 설탕 과자를 만들어 나눠 주고, 얼굴에 그림을 그려 주는 이벤트도 열린다. 연설장 주변에는 전국에 중계하는 TV 카메라가 설치되고 각지에서 온 기자들이 분주하게 현장 스케치를 하고 있다.

8개 정당의 대표들이 매일 한 차례씩 돌아가며 연설을 하는 이 행사는 1968년 여름 처음으로 알메달렌 간담회를 시작한 울로프 팔메가 화물 트럭 위에 올라가 연설할 때와는 비교도 안 될 정도로 엄청난 인기를 끌고 있다. 알메달렌의 연설은 우리가 알고 있는 연설과 여러모로 다르다.

우선 복장이 자유롭다. 당 대표들의 의상은 휴가지에 어울리는 캐주얼한 옷차림이고 방청객들의 모습도 반바지, 반소매 셔츠 등 자유롭다. 청중의 모습 역시 각양각색이다. 누워서 연설을 듣는 사람, 아이들과 함께 둘러앉아 연설 소리만 들으면서 음식을 먹는 사람, 스피커에서 들리는 소리를 배경으로 산책하는 사람. 정장 차림에 넥타이를 매고 나타난 사람들은 총리를 호위하는 경호원들뿐이다.

1시간에 걸쳐 진행되는 연설은 말이 연설이지 개그맨들의 스탠딩 코미디와 비슷하다. 이야기하듯 자연스러운 톤으로 재미와 웃음을 준다. 여름휴가를 시작하는 시점에 열리는 정당 대표 연설이기 때문에 상반기 의회의 논란거리를 정리하고, 하반기 정치의 방향성을 제시하는 내용이다. 형식이 없어 보이는 연설이지만 국내뿐 아니라 국제 이슈까지 모두 다루기 때문에 국민의 정치적 지식수준을 높이는 중요한 자료가 된다. 8명의 연설을 모두 경청할 기회가 있었는데, 스웨덴과 유럽의 정치, 그리고 세계 현안이 각 당의 시각에서 명료하게 정리됐다. 스웨덴이 세계 속에서 어떤 도전을 받고 있는지, 국내의 주요 갈등과 문제는 어떻게 해결해 나가야 할지 대안들을 제시해 준다.

"여러분의 마음을 여십시오!"

이 메시지는 2014년 보수당 대표이자 총리였던 라인펠트의 연설 중 일부다. '아랍의 봄'[4] 이후 유럽으로 쏟아져 들어온 정치 난민을 스웨덴 국민이 마음의 문을 열고 맞아 달라는 내용이다. 명료한 수사에 많은 방청객이 박수와 지지를 보냈다. 하지만 애석하게도 이 메시지는 극우파의 정치적 공세에 직면했다. 라인펠트가 스웨덴의 현실을 읽지 못하고 이상적인 주장을 폈다는 비판이 일었다. 스웨덴의 경제가 악화하는 가운데 외국인 이민자들이 스웨덴의 복지 예산을 축내고 있다고 반격한 극우 정당이 선거에서 지지율을 높이는 계기가 됐다. 그러나 그 연설은 아직도 국제 사회에서 스웨덴 국민의 책임 의식을 보여 주는 대명사로 인용되고 있다.

이렇게 지난 50년 동안 이 자리에 섰던 각 당 대표들의 연설은 스웨덴 안팎에 각인되어 있다. 의회에서 하는 연설과는 달리 여름 휴가지의 분위기 그대로 자유롭고 생기발랄한 정치인들의 모습이 깊은 인상을 남기는 것이다.

정치인의 연설과 정책 토론도 내용과 재미가 적절하게 섞이면 오랫동안 기억에 남는 예술이 될 수 있다. 스웨덴의 정치인들이 사용하는 정제된 수사법은 언어의 감칠맛을 돋우는 양념과도 같다. 함께 웃고 박수를 보내다 보면 정치는 더 이상 어렵거나 무미건조한 메시지가 아니다. 거리에서 쉽게 카페에 들어가 커피 한 잔 마시듯, 쉽게 정치인들의 이야기를 찾아보게 되고 귀담아듣게 된다.

휴가지의 여름밤이라는 조건도 큰 역할을 한다. 편안한 분위기에서 아름다운 풍경을 배경으로 하는 연설과 갑갑한 실내의 딱딱한 회의실에서 하는 연설은 말하는 사람도, 듣는 사람도 태도와 자세가 다를 수밖에 없다. 정치 연설은 어디에서, 어떤 형식으로 하는가에 따라 인기 TV 프로그램 못지않은 파급력을 일으킬 수도 있다.

자유, 평등, 정의, 성장, 분배, 갈등, 타협, 전쟁, 평화, 법치, 책임성, 연대 의식…… 우리는 살아가는 내내 수많은 정치적 개념들을 고민한다. 때로는 불편해지기도 하고, 때로는 가슴이 뜨거워지는 경험도 한다. 얼굴을 붉히며 상대방을 공격하는 경우도 있다.

그러나 내가 지키고자 하는 가치만큼 상대방의 가치도 중요하다. 모든 가치가 같은 기준으로 존중되어야 정치가 비로소 신뢰와 존경의 대상이 된다. 정치는 약점을 파헤쳐 상대를 파멸시키는 행위가 아니라 나의 철학과 그 철학을 실현하기 위한 전략을 밝히고 국민의 지지를 받아 통치하는 행위다.

스웨덴 정당 대표들의 연설은 정치를 잘 모르거나 관심이 없는 사람들도 쉽게 이해하고 접근할 수 있는 통로 역할을 한다. 계속해서 터지는 박수 세례와 지지자들의 환호는 록 페스티벌의 뜨거운 열기와 다르지 않다.

정치적 갈등은 축제로서의 요소가 없는 정치 문화에서 창궐하는 질병과도 같다. 서로 상처를 내고 싸우면서 경쟁만 하는 정치는 국민이 정치를 혐오하게 만든다. 알메달렌에서 정치는 싸우는 것이 아니다. 재미있는 것, 편안한 것, 신나는 것, 배려하는 것이다.

춤추는 정치인들

카페에서는 요즘 세계적인 스타로 떠오른 스웨덴 출신의 싱어송라이터 사라 라손Zara Larsson의 노래가 흘러나온다. 하루 종일 이어진 정당들의 정책 대결이 끝난 알메달렌의 골목들은 말 그대로 파티 분위기다. 골목마다 술을 마시는 사람들이 목청을 높여 야시장 같은 느낌도 난다.

마을 끝자락에 있는 DJ 바에서 들리는 강한 비트의 음악이 해안 전체를 뒤흔들고 있다. 공연장을 찾은 것처럼 멋지게 차려입은 사람들이 줄을 서 있는 모습이 보인다. 알메달렌 주간의 수요일 밤 하이라이트, '정치인 댄스 배틀'이 열리는 곳이다. 낮에는 정책으로 경쟁했던 정치인들이 밤에는 댄스로 맞붙는다.

문화부 장관, 사회복지부 장관, 국토안전부 장관이 여당 쪽의 선수들이다. 야당 쪽에서는 전직 외교부 장관, 법무부 장관, 어린이노인복지부 장관이 출전 선수 명단에 올라 있다.

꽉 찬 1300석의 객석이 비트에 따라 함께 어깨를 들썩이며 '떼창'을 하는 이 광경은 세계적 가수가 관객과 호흡하며 인기곡을 함께 부르는 콘서트 이상의 열기를 내뿜고 있다. 아비치Avicii라는 세계적 DJ를 배출한 나라답게 주최 측에서는 유명 DJ 세 명을 섭외했다.

누가 사민당 사람들을 재미없는 사람들이라 했던가. 이

말을 비웃기라도 하듯 여당 사민당 대표인 사회복지부 장관은 몸에 달라붙는 노란 원피스를 입고 우아한 자태로 춤을 췄다. 그 옆에 있는 국토안전부 장관의 로봇 춤은 관객의 인기를 독차지하고 있다. 그러나 오늘 댄스 배틀의 디바는 문화부 장관이었다. 알리세 바 쿤케Alice Bah Kuhnke 장관은 압도적인 춤 실력으로 1300명의 환호와 탄식을 이끌어 냈다.

매년 양쪽에서 출전하는 댄스 팀이 바뀌는데, 여당과 야당의 숨은 춤꾼들이 워낙 많아 물밑 경쟁이 치열하다. 정부의 전직 장관들이 한 번씩은 댄스 팀에 합류한다.

알메달렌은 서로 다른 생각과 접근 방식을 가진 사람들이 모여 서로의 의견을 교환하는 장이다. 논리와 레토릭으로 무장한 정치인들의 치열한 정책 대결은 국민의 선택을 돕는다. 하지만 이런 정치인들도 우리와 똑같은 사람이다. 정책을 알리기 위해 국민과 소통하듯 정치인들도 우리와 다르지 않다는 것을 보여 주는 일 역시 정치인과 국민 사이의 벽을 부수는 효과적 소통 수단일 수 있다.

정치인들의 댄스 배틀을 바로 눈앞에서 목격하면서 수많은 생각들이 교차했다. 정치는 딱딱하고 지루하고 재미없는 것임이 분명한데, 스웨덴 사람들은 정치를 내가 생활하는 공간 안에서 찾으려고 한다. 댄스 배틀은 일상에서 쌓인 스트레스를 잠시 내려놓고 정치인과 함께 호흡하려는 시도로 느껴졌다.

정치는 상상에서 출발한다. 우리가 꿈꾸는 세상은 그런 상상과 비전에서 나오는 것이다. 하지만 지루한 논쟁의 과정에서 잠시 쉬어 가는 것도 필요하다. 세계에서 가장 스트레스가 많다는 스웨덴 정치인들도 춤추고 쉬는 것을 원하는 사람들이다.

열심히 일하는 정치인이 있다는 사실에 행복을 느끼고, 가끔은 그들과 어울려 휴식하기도 하면서 일상을 살아갈 수 있는 사회, 그것이 내가 꿈꾸는 세계인지도 모르겠다.

사민당의 아니카 스트란델 보건복지부 장관, 아달란 셰카랍 행정부 장관, 녹색당의 알리셰 바 쿤케 문화부 장관 등이 팀을 이뤄 DJ 배틀에 출전했다. ⓒ Anders Löwdin

원내 대표들이 모이는 텐트

일행이 인근 섬을 둘러보러 떠난 날, 혼자서 알메달렌 거리를 걷다가 많은 사람들이 모여 있는 곳을 발견했다. 건물 자투리 주차 공간에 텐트를 치고 세미나를 열고 있었다. 스웨덴의 이민 정책과 난민 문제, 그리고 사회 통합에 관한 토론이라는 배너가 보인다. 스웨덴 사회에서 가장 뜨거운 이슈 중의 하나여서인지 골목 밖까지 서서 지켜보고 있는 사람들의 표정이 진지하다. 난민 문제는 스웨덴 국민이 지지 정당을 선택할 때 중요한 잣대 중 하나다. 초청 연사들을 보니 각 정당의 원내 대표들이다. 8개 정당의 원내 대표들이 모두 참가를 해 열띤 논쟁을 벌이고 있었다.

"난민을 너무 많이 받아들여 스웨덴 전통 사회의 가치가 손상되고 있습니다. 우리 문화를 존중하는 자세가 결여되어 있어 걱정입니다. 난민들이 우리의 가치를 존중할 수 있도록 적응 교육 내용에 국가 가사, 헌법, 역사 등을 포함시키고 스웨덴어 시험에 합격해야 사회 복지 혜택을 줘야 합니다. 보조금도 일반 국민과 똑같이 지급할 것이 아니라 일을 한 연수만큼 차별적으로 지급해야 합니다."

우파 정당 원내 대표의 말에 지지자들이 박수로 답한다. 그러자 좌파 정당이 응수한다.

"무조건 암기식으로 주입시킨다고 해서 문화와 가치가

수용되는 것이 아닙니다. 오히려 역효과를 가져올 수 있어요. 사회적 접촉과 공동체 생활에서 자연스럽게 습득하도록 해야 합니다. 노동 시장에 투입될 수 있도록 직업 교육 훈련을 강화해야 합니다. 일과 세금은 복지의 기초라는 사실을 노동 현장에서 직접 체험할 수 있도록 하는 것이 가장 효과적 교육입니다."

8명의 토론자들은 상대방이 발표할 때 발언권을 달라고 손을 들고 연신 신호를 보낸다. 보는 사람이 빠져들 수밖에 없을 만큼 빠른 속도로 원내 대표들의 논박이 오간다. 1시간 30분의 토론이 끝나자 우레와 같은 박수갈채가 쏟아진다. 공연장에 온 것 같은 모습에 신선함을 느낀다.

개방과 소통의 전제 조건

스웨덴에서는 정치인, 기업인, 기관장 등 전국적으로 상시 경호를 받는 주요 인사가 400명 정도다. 그 가운데 절반인 약 200명이 알메달렌을 찾는다. 문제는 알메달렌에서 경호하는 일이 쉽지 않다는 것이다. 개방성이 가장 중요한 알메달렌에서는 누구나 총리와 각 정당 대표 같은 유력 인사들에게 접근할 수 있다. 정당 대표들이 연설하는 공원 주위에만 1만 2000명이 넘는 군중이 운집한다. 정치인이 참석하는 세미나 어디를 가도 아무도 제지하지 않고 바로 앞까지 갈 수 있다. 내가 알메달렌 행사 기간 동안 거리에서 마주친 총리, 장관, 당 대표, 국회의원, 기업 회장을 기억나는 대로만 세어도 수백 명에 이른다. 알메달렌에서는 경호원들이 지근거리에서 경호를 하려야 할 수가 없다. 게다가 행사 프로그램이 확정되고 나면, 초청 인사까지 포함한 상세한 정보가 기록된 자료를 누구나 열람할 수 있다. 주요 인사들의 동선 역시 언제든 노출될 수 있다.

스웨덴 역시 테러의 위협에서 안전한 국가는 아니다. 수도 스톡홀름에서는 2017년 4월에 자동차 테러가 있었고, 유럽의 크고 작은 도시에서 폭탄 테러가 잇따르고 있다. 국정을 이끄는 주요 인사들을 포함해 4만 명이 모이는 알메달렌이라는 작은 마을에서 테러가 발생할 경우 엄청난 인명 피해는 물론이고, 국가의 안위마저 위태로워질 수 있다.

2015년에 발간된 소설《알메달렌 함락 작전》은 알메달렌 주간에 총리가 극우 세력의 인질로 잡히는 상황을 그리고 있다. 스웨덴의 민주 정치 체제를 볼모로 삼아 공격을 가하고, 스웨덴의 국정이 마비되고 안보가 무너지는 모습이 생생하게 묘사된다. 이 소설은 특수부대 요원을 거쳐 중동 등지에서 VIP 경호원으로 활동했던 에릭 레빈Erik Lewin의 데뷔작이다. 레빈은 알메달렌 행사 기간 스웨덴 각계 지도층이 총집결하는 상황에서도 정부 요인들의 안전에 대한 인식이 극도로 낮다는 점에 문제를 제기하기 위해 책을 쓰기로 결심했다고 밝혔다.

소설은 큰 관심을 모았다. 러시아의 크림반도 점령 이

후 군사적 위협이 고조되고 있는 상황에서 알메달렌이 열리는 고틀란드섬이 러시아의 발틱 함대가 있는 칼리닌그라드Kaliningrad와 가깝다는 사실을 배경으로 한 내용은 많은 독자들의 공감을 얻었다.

레빈은 스웨덴 공영 방송 인터뷰에서 "실제 알메달렌이 공격받을 가능성이 있느냐"는 질문을 받고 "언제든 테러 사고가 날 수 있다"고 경고했다. 그는 "알메달렌은 자유분방 그 자체이고 모든 것이 개방되어 있다"면서 "총리가 수많은 사람들이 운집한 거리를 활보하고 국방 장관과 기업 회장들이 펍pub에서 맥주를 마시고 있는데도 참가자 소지품 검사를 하지 않는다"고 지적한다.

나 역시 소설을 읽으면서 손에 땀이 났다. 밤늦게까지 하루 만에 읽어 내려간 이 소설 속에 등장하는 호텔, 카페, 광장은 나의 발길이 닿았던 곳들이었다. 내가 둘러보고 경험한 알메달렌이 이런 위협에 노출되어 있다는 사실을 간접 체험하는 느낌이었다.

그러나 스웨덴 경찰 당국은 문제가 없다는 입장이다. 시몬 뷔네트Simon Bynert 보안경찰Säpo 홍보 담당관은 스웨덴이 오랫동안 알메달렌 행사를 진행해 왔기 때문에 안전에 큰 문제가 없다고 2017년 《메트로 신문》과의 인터뷰에서 밝혔다. 북유럽전선Nordic Front 같은 극우 단체가 알메달렌 참여를 신

북저널리즘은
책처럼 깊이 있게,
뉴스처럼 빠르게
우리가 지금, 깊이
읽어야 할 주제를
다룹니다.

독자님, 안녕하세요. 북저널리즘입니다.

북저널리즘은 북과 저널리즘의 합성어입니다. 책처럼 깊이 있게, 뉴스처럼 빠르게 우리가 지금, 깊이 읽어야 할 주제를 다룹니다. 단순한 사실 전달을 넘어 새로운 관점과 해석을 제시하고 사유의 운동을 촉진합니다.

복잡하고 경이로우며 빠르게 변화하는 세상을 깊이 이해하기에 책은 너무 느리고 뉴스는 너무 가볍습니다. 북저널리즘은 책의 깊이에 뉴스의 시의성을 더했습니다. 전문가의 기자화를 통해 최소 시간에 최상의 지적 경험을 제공합니다.《가디언》,《이코노미스트》와 파트너십을 체결하고 관점이 뚜렷한 글로벌 콘텐츠도 전달합니다.

북저널리즘의 멤버십 서비스 '북저널리즘 프라임'에 가입하시면
① 북저널리즘의 모든 콘텐츠를 무제한 이용할 수 있습니다.
② 컨시어지, 주간 브리핑 등 프라임 전용 서비스를 이용할 수 있습니다.
③ 다양한 커뮤니티 모임에 우선 초대 및 할인 혜택을 받을 수 있습니다.

앞으로도 최고의 저자를 찾아 최상의 콘텐츠를 만들어 현명한 독자님에게 전하겠습니다. 저널리즘의 본령을 지키는 일에 동참해 주셔서 고맙습니다.

● 젊은 혁신가를 위한 콘텐츠 커뮤니티
▌ BOOKJOURNALISM.COM

청해 스웨덴 정계 안팎이 긴장하고 있던 시기였다. 하지만 선동을 목적으로 하는 정치 집회를 금지하는 행사 원칙에 따라 조직위에서는 집회를 허가하지 않았다. 북유럽전선이 공개적으로 알메달렌 조직위를 비난했지만 스테판 뢰벤Stefan Löfven 총리까지 조직위의 결정에 손을 들어주면서 비난은 잠잠해졌다. 그러나 언제든 극우 정치 단체가 유사한 움직임을 보일 수 있다. 그럴 경우 알메달렌의 안전은 어떻게 보장할 것인가.

실제로 2014년부터 극우 정당인 스웨덴 민주당이 의회에 진출하면서 자동적으로 알메달렌에 참가할 수 있는 자격을 얻었다. 스웨덴 민주당이 진행하는 행사는 조직위에서 인정하는 공익적 정치 행사로서 선동과 집단행동을 자제해야 하는 것이 원칙이다. 그러나 지지자들이 들고나오는 행사 도구까지 통제할 수는 없다. 알메달렌의 안전에 대한 우려가 크게 높아진 이유다.

2016년 알메달렌에서 스웨덴 민주당의 광장 연설을 들어 본 경험이 있다. 우려와는 달리 연설 내용은 다소 싱거웠다. 임미 오케손 스웨덴 민주당 대표가 나선 저녁 7시 연설도 다른 정당 대표의 연설과 크게 다르지 않은 차분한 분위기였다. 극우 정당이기 때문에 오히려 더 조심하는 것 아닌가 생각될 정도였다.

문제는 스톡홀름 뉘네스함Nynäshamn과 오스카스함Oscarshamn 항구에서 들어오는 페리 승객들이다. 공항에서는 탑승객이 모두 소지품 검색을 받지만 페리로 들어오는 승객들은 짐을 검사받지 않는다. 그만큼 보안 경찰의 일이 늘어나게 된다.

2017년부터 알메달렌 참가 인원을 제한하자는 목소리가 나오기 시작한 배경이다. 안전 문제가 확보되지 않는 행사는 엄청난 재난과 국가 위기를 초래할 수 있기 때문에 조직위의 고민도 커졌다. 많은 전문가들이 안전과 편의성 등을 고려해 참가 인원을 제한할 수밖에 없는 상황이 올지 모른다고 예상하고 있다.

우선 조직위는 고틀란드 경찰과 스톡홀름 경찰의 유기적 협조 관계를 구축해 두고 있다. 보안경찰 역시 행사 전부터 면밀하게 정치인들과 사회 각계 저명인사들의 경호를 위한 동선을 파악하고 있다. 조직위는 또 알메달렌 인근 도로에 구조물을 설치해 자동차의 접근을 막는다. 허가된 차량 이외의 모든 차량을 통제하는 방식으로 아예 자동차 없는 행사장을 만들었다. 이렇게 하니 행사장 접근성도 높아지고, 도로 안전도 확보할 수 있었다.

안전은 이제 모든 정치 이벤트의 필수 요소다. 알메달렌이 성곽으로 보호되어 있어 외부의 테러 공격으로부터 더 안전하다는 평가도 있다. 시가지로 들어오는 도로를 전면 통제하는 것으로 상당한 수준의 보안이 가능하다는 것이다.

2018년 현재 알메달렌 조직위는 도로마다 긴급 구호 용품을 배치하고 대피로를 표기하고 있다. 화재 시 초기 진압용으로 활용하는 천과 소화기, 화재 시 대처 요령 등의 안내문을 눈에 띄는 곳에 배치했다. 모든 행사장마다 비상문과 비상등, 소화수 점검을 의무화하고, 비상 탈출구를 확보해 유사시에 대비하도록 하고 있다. 행사장을 제공하는 시설 관리실은 최대 입장 인원을 명확히 규정해 더 많은 사람이 입장하는 것을 철저하게 차단한다.

어깨띠를 두른 정치 꿈나무들

소년, 소녀가 알메달렌 광장에서 사민당 로고가 인쇄된 어깨띠를 두르고 지나가는 사람들에게 팸플릿을 나눠 주고 있다. 작은 체구에 앳된 모습이 철없는 개구쟁이들처럼 보였다. 아르바이트를 하는 거냐고 물었더니 사민당 청년부에서 활동하고 있고, 정당 홍보와 함께 새로운 당원을 모집하고 있다는 답이 돌아왔다. 나이를 물으니 13살, 14살이라고 한다.

어린 나이에 정치에 관심을 갖게 된 계기가 뭘까. 소년은 친구들과 여름 캠프에 갔다가 아프리카에서 태어난 정치 난민 부모를 둔 친구를 만난 것이 계기라고 했다. 아프리카 여성들의 불평등한 삶에 대한 이야기를 들었고, 아프리카를 변화시키기 위해서는 남성 중심적 사회를 바꿔야 한다고 생각했다고 한다. 남녀가 평등한 삶을 누리게 하는 것이 꿈이고, 그 꿈을 실현하기 위해 정치를 배우고 있다는 것이다. 소녀는 집에서 부모님과 대화하면서, 그리고 학교 사회 시간에 민주주의의 역사를 배우면서 흥미를 느꼈다고 한다. 그는 스웨덴이 세계에서 가장 평등한 나라라고 하지만 장애인 친구들을 보면 아직도 할 일이 많다고 했다.

기성 정치인들과 대화를 하는 듯한 착각을 일으킬 정도로 의사 표현을 명확히 하는 어린 친구들을 보고 적지 않게 놀랐다. 지역 사무소 당직자의 이야기는 더 놀라웠다. 24

세인 여성 분과 위원장은 현재 고틀란드시 지방의원으로 일하고 있다. 그녀의 정치 경력은 10년. 지금 막 어깨띠를 두르고 나간 소녀처럼 14살에 청년부에 가입해 정치 수련을 거쳤다. 올해 21세인 남성 당직자는 스톡홀름 대학에서 정치학을 공부하면서 지역 정당에서 일하고 있다. 졸업 후엔 고틀란드시 의원으로 출마할 계획이라고 했다. 그 역시 12살에 어머니를 따라 정치 집회에 나갔다가 청년회에 가입하면서 정치를 배우기 시작했다.

정당의 지역 사무실은 청년회 소속 회원들의 교육뿐 아니라 여성 협의회, 장애인 협의회, 연금생활자 협의회, 기독교 협의회 등 다양한 단위로 구성되어 당원들의 정치 교육장으로 사용되고 있었다.

1년에 한 번씩 개최되는 지역 총회에서 중앙당 총회에 건의할 안건을 수렴해 다수결로 결정하고 중앙당 총회에 참석할 대표를 선출해 보내기도 한다. 지방 단위의 정당 조직은 스웨덴 풀뿌리 민주주의의 기초가 되고 있다.

스톡홀름에서 만났던 한나 바게니우스Hanna Wagenius 중앙당 청년위원장의 이야기도 같은 맥락이다. 바게니우스는 "어린이가 걸음마부터 배워야 걷고 뛸 수 있듯이 정치도 청년회에서 정책의 기초와 인성을 배우지 않으면 안 된다"고 말한다.

그는 이미 22세에 국회의원 선거와 유럽 의회 선거에 출마한 적이 있다. 당선에는 실패했지만 조만간 국회에 진출할 것으로 기대되는 재목이다. 전국 청년회를 이끌어 본 경험이 있는 신진 정치인은 정당의 큰 인적 자원이다.

예스퍼 린드홀름Jesper Lindholm 사민당 스톡홀름 청년 협의회 위원장은 사민당의 청년 회원들이 유럽 국가들의 사민당 청년 회원들과의 교류를 통해 국제적 경험은 물론이고 유럽 각국의 미래 정치인들과 구축하는 네트워크까지 얻을 수 있다고 말한다. 각 당의 청년 협의회는 북유럽 청년 조직과의 만남, 유럽 청년 협의회 단체와의 교류를 통해 국제적 역량을 키울 수 있는 기회를 제공한다. 사민당 청년 협의회는 다른 당에 비해 더 많은 정당들과 교류한다. 남미와 아프리카 국가들의 청년 지원 사업과 더불어 유럽 30개국과도 교류한다. 40개국 이상과 네트워크를 구축하고 있는 셈이다.

아르바 코칼라리Arba Kokalari 보수당 청년회 국제 담당관은 청년 회원들이 정치에 입문하기 전에 유럽, 미국, 그리고 아프리카의 다양한 국가들과 교류하는 것이 중요하다고 말한다. 국제 교류의 경험은 균형 잡힌 정책 능력을 키워 주는 매우 중요한 교육 과정이라는 것이다.

정치의 새로운 틀을 세우려면 결국 능력 있는 청년 정치인을 제대로 길러 낼 수 있는 시스템이 작동해야 한다. 청소년기부터 정책을 배우고 국제적 역량을 가진 지도자로 성

장할 수 있는 기회를 만들어 주는 것이 정당의 역할이다. 이
것이 제대로 실현되지 못하면 장기적인 정치 발전은 어렵다.

부모와 함께 참석한 청소년, 유모차를 타고 온 아기들까지 알메달렌 주간 참석
자들의 연령대는 다양하다.

정책을 배우는 청년 정치

성곽 잔디 앞에 30여 명이 둥그렇게 모여 앉았다. 점심을 도
시락으로 때우고 있는데 먼발치에서 걸어오는 마티아스 순
딘Mattias Sundin 노르셰핑Norrköping 시장이 보였다. 한쪽 다리가
불편한 듯했다. 그에게 스웨덴에서 장애인으로서 정치를 하
는 것, 스웨덴 정치의 강점에 대해 물었다.

왜 정치를 하게 됐나.

사민당이 지배한 스웨덴에는 국가와 지방이 나의 삶을 책임
져 줄 것이라는 의존주의가 팽배해 있다고 생각했다. 장애인
들 중에는 그런 사람들이 더 많은 것 같다. 스웨덴은 교육비가
무료다. 아동 수당, 출산 휴가를 위한 부모 보험 등 본인의 의
지만 있다면 경력 단절 없이 무엇이든 할 수 있는 사회다. 장
애인들도 공부할 때 학습 보조원 제도를 활용할 수 있어 어려
움이 없다. 실패했을 때 도움을 받는 것은 필요하겠지만, 국
가의 책임 영역을 계속 늘려 나가는 것은 문제라고 본다. 본인
이 자유롭게 선택할 수 있는 대안을 더 많이 만드는 사회 개혁
이 필요하다고 생각했다.

<u>스웨덴에서 장애인으로 정치를 한다는 것은 어떤 일인가.</u>

장애인과 비장애인 사이에 큰 차이가 있다고 생각하지 않는
다. 정치에 그런 차별이 있었다면 아예 발을 들이지 않았을 거
다. 도리어 기회가 많다고 생각한다. 장애인의 시각에서 만드
는 장애인을 위한 정책은 언제든 필요하다. 내가 보는 사회 문
제에 대한 시각은 다를 수 있다. 젊은 장애인들이 정치에 많이
들어와서 활동해야 한다. 그런데 장애인의 정치 참여에 대한
관심이 그리 높지 않다. 그래서 내 경우에는 오히려 당내에서
성장하는 속도가 빨랐다.

<u>스웨덴 정치인들의 토론 능력이 뛰어난 이유는 뭔가. 비
방하지 않고 인신공격하지 않으면서 토론하는 문화가
정착된 배경이 궁금하다.</u>

스웨덴 정치인들은 대개 어려서부터 정치에 입문한다. 나는
21세에 입문했으니 예외적으로 늦은 편이다. 입문 후 1년간
청년회에서 진행하는 세미나를 통해 정책 공부를 했다. 다양
한 주제로 매주 행사가 열린다. 연사는 당 대표부터 원내 대
표, 당 소속 지방 자치 단체장과 국회의원들이다. 입법 과정,
정책 관련 법규, 관심을 가져야 할 주요 이슈를 토론한다. 다

양한 사람들과 정책에 대해 깊이 있게 이야기 나누면서 왜 정
치를 해야 하는지 절감하게 된다.

결국 정책을 모르면 정치를 할 수 없다. 정치란 우리의 정책
을 유권자에게 알리고 지지를 얻어 사회를 변화시켜 나가는
행위라고 생각한다. 상대방의 문제를 들춰내 지지를 받는다
면 결국 알맹이는 없는 인기 영합주의에 불과하다. 이런 정치
의 피해자는 국민이다.

청년 정치 조직은 정당의 들러리 아닌가.

그렇지 않다. 청년 정치 조직은 정당에 의존하지 않는다. 정
책 의제, 재정, 지도부 선출 등 모든 것을 자율적, 독립적으로
수행한다. 치열한 정책 경쟁으로 마을 단위 지도부를 선출하
고, 지역부터 중앙까지 순차적으로 올라가며 지도부를 구성
한다. 각 지역별 청년회가 활성화되어 있어 지역 청년회 간 교
류도 빈번하다. 전국 청년 대표는 정당의 상임 위원회 당연직
위원으로 참여하고 있어 권한이 막강하다. 청년 당원으로서
의 활동은 지방 정치인이 되는 과정이다. 결국 지역 정치인이
중앙으로 진출해 국회의원이 되기 때문에 청년 정치는 정치
입문의 필수 코스다.

순딘은 2014년 국회의원이 되었다. 정당 청년 단체, 지방 자치 단체장, 그리고 국회의원으로 성장하는 전형적인 스웨덴 정치인의 모습이다.

순딘 시장의 잔디 토론을 뒤로하고 사민당 청년 부스를 방문했다. 사민당 청년회 부스에 낯이 많이 익은 사람이 보였다. 스톡홀름에서 고틀란드로 오는 배에서 만난 청년이었다. 노르셰핑 시장과의 대화가 여운이 남아 청년 정치에 대한 질문을 던져 본다. 대답은 녹음기를 튼 것처럼 비슷하지만 정치인의 부패 해결 문제에 대한 답까지 담고 있었다. 그는 "청년 정치인들의 저변이 넓으면 넓을수록 유능한 정치인의 충원이 수월하고 선택의 폭도 확대된다"면서 "정치가 부패하는 이유는 대체할 사람이 없어 문제가 있어도 계속 출마하도록 놔두는 구조 때문"이라고 지적했다.

명쾌한 답변에 그가 준 명함을 자세히 들여다봤다.

'가브리엘 빅스트룀Gabriel Wikström, 사민당 청년회장.'

빅스트룀 회장은 29세였던 2014년, 보건체육부 장관으로 임명됐다.

스웨덴의 3C 정치

나와 동행한 한국의 청년 정치인 지망생들과 함께 스웨덴 보수 정당의 고틀란드 지역 관계자들을 만날 기회가 있었다. 한국의 정치 꿈나무들과의 만남을 제안하자 스웨덴 연립 정부를 구성하고 있는 우파 여당 4개 정당의 관계자들이 모두 시간을 내주었다.

보수당 지역 사무소는 알메달렌 중앙 성곽 바로 밖에 있는 건물 2층에 자리 잡고 있다. 70평방미터 정도 크기의 사무실은 2개의 공간으로 나뉘어 있었다. 하나는 사무실, 다른 하나는 회의실로 사용되고 있다. 회의실로 들어서니 4개 정당의 고틀란드 시의원들이 인사를 건넨다.

4개 정당에서 모두 참가해 주어 감사하다는 말을 건네니 당연하다는 대답이 돌아온다. 4개 정당 지역 대표들이 수시로 모여 지역 현안을 논의하기 때문에 한자리에 모이는 일은 흔하다는 것이다.

정당마다 추구하는 가치와 정책이 다른데도 수시로 협의한다는 점이 인상적이었다. 선거 때에는 경쟁자가 되지만, 선거가 끝나면 다양한 현안을 해결해 나가는 과정에서 대화하고 협의하는 파트너다. 이들은 "서로 싸운다는 것은 자주 만나지 않고 담을 쌓고 지낸 것의 결과물"이라면서 "자주 만나면 첨예하게 맞서던 이슈에서도 결국 합의점을 찾게 된다"고 말한다.

정치학자 데이비드 아터David Arter는 저서 《북유럽 정치》에서 스웨덴을 포함한 북유럽 국가들의 정치적 특성을 협조cooperation, 합의compromise, 일치consensus의 3C로 정의한다. 자주 만나 협조하고 서로 합의점을 찾아가며 일치를 이루는 것이 협의 정치의 성공 요건이라는 것이다.

그렇다고 해도 협조할 수 없는, 합의되지 않는 안건도 있을 것이다. 그럴 때는 어떻게 하느냐고 묻자 다수결이라는 답변이 돌아온다. 주민과 연관된 사안의 경우엔 주민 투표 등을 통해서 다수의 의견을 바탕으로 결정을 내린다고 한다.

대화로, 다수결로 모든 문제를 풀어 나간다니 스웨덴 정치에는 문제가 없는 것만 같다. 그러나 이들에게도 고민은 있다. 바로 청년들의 정치에 대한 관심이 떨어지고 있다는 것이다. 스웨덴에서도 새로운 정치인을 발굴하고 현장에 투입하는 일이 점점 어려워지고 있다.

신진 정치인을 수급하는 것이 문제라는 스웨덴 정당 관계자들의 이야기를 듣고 한국에서 온 참가자들이 모두 감탄한다. 한국에서는 사회적으로 성공한 사람이나 재력을 가진 사람들이 더 큰 권력을 위해 정치에 뛰어드는 일이 일상화되어 있지 않던가.

"큰 문제를 놓고 만나면 절대로 타협하지 못한다" 잉바르 칼손 전 총리

알메달렌 주간을 시작한 올로프 팔메 총리는 1985년 스톡홀름 시내에서 저격당했다. 이후 정부를 이어받아 정치적 공백 없이 위기를 극복해 낸 정치인, 잉바르 칼손Ingvar Carlsson 전 총리. 그는 지도자 부재의 국가 위난 상황에서 국민을 통합하고 사회 갈등 해소를 위해 노력한 정치인으로 국민에게 각인되어 있다. 한국 정치의 오랜 과제인 국민 통합에 대한 해법을 듣기 위해 칼손 전 총리를 만났다.

어릴 때부터 일을 하면서 노동 문제에 관심이 많았다고 들었다. 정치 입문 계기가 궁금하다.

아버지를 일찍 여의었기 때문에 가정 형편이 어려워 학교를 다니며 일을 해야 했다. 보로스Borås라는 작은 섬유 산업 도시에서 자라서 공장 일자리가 많았다. 집 근처에 있는 모직 공장에 일자리를 얻어서 학교가 끝나면 하루 8시간씩 일했다. 중노동이었지만 노동의 가치와 보람, 그리고 열악한 노동 환경을 체험할 수 있었다.

장학생이 되어 고등학교에 들어갈 수 있었는데, 그렇지 않았다면 계속 공장에서 일했을지도 모른다. 대학에서 학생회 활동을 하면서 정치적 동지들을 많이 만났다. 정치학을 공부했고, 지역 사민당 청년회에서 활동했다. 그때 타게 에르란데르 Tage Erlander 당시 총리가 내가 청년회장으로 일했던 룬드 지역 청년회에 오셨다. 기차역에 가서 총리를 모시고 오는 역할을 맡았는데 그것이 내 운명을 바꿔 놓았다. 토론 모습을 보고 마음에 드셨는지 스톡홀름으로 와서 정책 보조를 해보라고 제안하셨다. 한 학기 남은 공부를 마치고 올라가 총리 정책 보좌관으로 채용되었다.

총리에게 발탁되는 건 쉽지 않은 일인데.

운이 좋았다고 할 수 있겠다. 나중에 알고 보니 당시 총리께서 젊은 보좌관을 수소문하고 있었는데, 룬드에 있는 내가 정책 능력과 리더십이 있다는 보고를 받으시고 직접 눈으로 확인하려고 우리 청년회에 오셔서 강연회를 연 것이었다. 기대에 벗어나지 않았던 모양이다. 국회의원, 장관, 도지사, 당 비서 같은 분들은 전국에 있는 지역 청년회 정책 세미나에 수시로 참여한다. 그래서 능력 있는 청년들을 쉽게 발굴할 수 있다.

<u>팔메 전 총리를 에르란데르 총리의 개인 비서로 직접 발탁했다고 들었다.</u>

총리 정책 보좌관으로 일하는데 손이 많이 모자랐다. 당시 정책 분석을 위한 보좌관이 필요했는데, 스톡홀름 대학에서 정치학을 공부하면서 사민당 학생회를 이끌던 팔메가 유능하다는 판단을 했다. 개인적으로 당 관계 일로 몇 번 만난 적이 있었는데, 전국 사민당 학생회 국제 담당관으로 유럽 학생회에 참여할 정도로 분석력, 친화력, 리더십이 뛰어났다. 미국에 유학을 다녀와 영어 실력도 훌륭했다. 총리께 추천을 했고, 총리께서 직접 만나신 후 바로 발탁하셨다.

팔메와 칼손은 에르란데르 총리를 보좌해 1960년대에 치러진 모든 선거에서 사민당이 승리하는 데에 크게 기여했다. 대학생회, 청년회를 이끌었던 두 사람은 청년 조직을 활성화해 젊은 표를 끌어오는 역할을 했다. 하지만 정치적으로 먼저 성공한 사람은 후임이었던 팔메였다.

<u>1968년 에르란데르 총리 후임으로 팔메가 지명됐다.</u>

팔메는 뛰어났다. 총리를 모시고 소련 모스크바에 갔을 때 독

감에 걸려 전혀 말을 할 수 없었던 총리를 대신해 30대 비서인 팔메가 흐루시초프 공산당 서기장 앞에서 정책 브리핑을 했다. 총리를 대신해서 비서가 브리핑하는 일은 이례적이었다.

칼손은 팔메 정부에서 교육부 장관, 주택부 장관, 환경부 장관 등을 역임하며 당대 최고의 사민당 정치인으로 성장했다. 팔메 전 총리가 1986년 저격을 당해 갑자기 정치적 공백이 생기자 당내 의견은 칼손을 후임으로 정해야 한다는 것으로 모아졌다.

당 비상회의에서 만장일치로 추대됐을 때, 부인과 상의를 해서 결정하겠다고 한 이유가 뭔가.

장관과 총리의 역할은 완전히 다르다. 장관에게는 퇴근 시간이 있지만 총리는 불규칙한 퇴근 정도가 아니라 개인 생활이 아예 없다. 외국 출타가 많아 집에 들어가지 못할 때가 많다. 총리 부인은 국내외 출장 시 함께해야 하는 경우가 많다. 도서관 사서로 일하고 있었던 아내가 휴직을 해야 하는 상황이었다. 가정에서도 양육과 가사 노동을 나눠서 하고 있었기 때문에 내가 총리가 되면 아내가 전담해야 했다. 아내의 동의 없이 총리가 된다는 것은 불가능하다. 바로 이혼당했을 거다.

1986년 총리로 임명되었을 때 가장 시급한 과제가 평화적 노사 관계의 복원이었다. 노사 갈등 문제에 어떻게 접근했나.

무엇보다도 기업의 노조 불신이 가장 큰 문제였다. 노조의 양보를 얻어 친기업 정책을 추진하려 했다. 유가 파동으로 물가 안정이 매우 중요한 시기였기 때문에 파업 금지와 임금 동결안을 제시했다. 그리고 노동 생산성을 높여 기업이 수출 채산성을 맞출 수 있도록 친기업 정책을 폈다. 노조가 먼저 허리띠를 졸라매고 책임을 다하면 기업들도 본사를 다시 국내로 옮기지 않을까 하는 복안이었다.

그러나 노조가 반발했다. 대화를 좀 더 했어야 했다는 아쉬움이 남는다. 결국 선거에서 노동자들이 등을 돌렸다. 선거에서 패배해 정권을 우파 연합에 넘겨줘야 했다. 하지만 재정 위기가 왔고 복지 축소, 임금 동결, 파업 금지 같은 노동자의 반감을 살 정책을 추진해야 하는 우파 정권은 사민당에 동참을 요청했다. 국가 위기 상황이었기 때문에 우파 정권의 공동 구제안에 참여했다. 서로 양보하고 타협하는 정신을 보였기 때문에 경제가 빠르게 회복될 여건이 만들어졌다. 이것이 3년 후 선거에서 다시 사민당이 정권을 가져올 수 있었던 요인이다.

한국의 노사 화합을 위해 제언을 한다면.

한국의 정치와 경제 상황을 잘 모른다. 하지만 한 가지 말할 수 있는 것은 꾸준히 대화를 이어 나가는 것이 중요하다는 것이다. 큰 문제를 앞에 놓고 만나면 절대로 타협을 보지 못한다. 작은 문제부터 정기적으로 만나서 허심탄회하게 이야기해야 한다. 정부는 너무 성급하게 결과를 얻으려고 하면 안 된다. 양자가 해결할 수 있도록 지속적으로 대화의 장을 만들어주는 것이 중요하다.

스웨덴에서 노사 갈등이 가장 심했던 1930년 중반 2년 동안 노사가 꾸준하게 정례 만남을 이어 간 결과가 바로 살트쉐바덴 협약Saltsjöbadsavtal[5]이다. 이 협약은 스웨덴 경제가 새롭게 비상하는 계기가 되었다. 살트쉐바덴 협약은 국가를 개조하는 새로운 기틀을 마련했다는 의미에서 '살트쉐바덴 정신'이라는 표현으로 역사 교과서에 기술되어 있다. 한국의 살트쉐바덴 조약을 만들 수 있기를 바란다.

"복지는 신뢰다" 레나트 에릭손 교수

알메달렌 주간에 개최된 경제 포럼에서 레나트 에릭손Lennart Erixon 교수를 만났다. 에릭손 교수는 스톡홀름 대학 사회 연구소SOFI에서 월터 코르피Walter Korpi, 요아킴 팔메Joakim Palme 교수와 함께 스웨덴의 복지 연구에 큰 족적을 남긴 스웨덴 재정 모델의 독보적 전문가다. 에릭손 교수의 지적은 우리가 한국적 복지를 지향할 때 무엇을 고민해야 할 것인가를 제시하고 있다.

스웨덴 노동 모델은 전국 노동조합 총연맹 수석 경제 연구원이던 요스타 렌Gösta Rehn과 루돌프 마이드너Rudolf Meidner가 연대 임금제와 임노동 기금 등의 개념을 노동 운동에 이식시켜 완성했다. 이들의 연구는 연대 임금제라는 실천적 이론을 제시해 노동 운동의 방향성을 완전히 바꾸어 놓았다는 평가를 받는다. 연대 임금제에 기초를 둔 렌-마이드너 모델은 노동자 간의 평등, 임금 격차 줄이기를 통한 산업 생산성 제고와 기업의 매출 증가, 수출 증가, 고용 증가 효과를 골자로 한다. 이 모델은 산업 노동자들의 임금 격차를 10년 동안 빠르게 좁혀 노동 갈등과 노사 갈등을 해소하는 효과를 발휘했다. 결과적으로 1960~1970년대 스웨덴 경제에 날개를 달아준 모델이었다. 동일 노동-동일 임금이라는 용어를 만들어 낸 것도 렌과 마이드너다.

렌-마이드너 모델이 성공할 수 있었던 배경은 무엇인가?

무엇보다도 노조의 단합된 힘과 지원이 있었다. 노조 조직률이 이미 80퍼센트를 넘었던 전국 노총 지도부에서 반대를 했거나, 금속 노조와 전기 노조와 같은 고임금 노조들의 반대가 있었다면 실패했을 것이다. 수출에 기반을 둔 볼보, 사브, 에릭손 등과 같은 대기업 노동자들이 중소기업 노동자들의 2~3배에 달하는 높은 임금을 받고 있었다. 임금 격차가 큰 노동 구조였다. 고임금 노동자들의 대승적 차원의 양보가 없었다면 이 모델은 실패할 수밖에 없었다.

두 번째 성공 요인은 스웨덴만의 노사 협의 기구인 임금 단체 협상 구조가 1938년 살트쉐바덴 조약 이후 잘 작동하고 있었다는 것이다. 전국 노총이 일사불란하게 연대 임금제를 적용하자고 제안하니 대기업 측에서는 나쁠 것이 없었다. 대기업 노동자들이 스스로 임금 인상을 억제하겠다는데 싫어할 기업이 어디 있겠나. 하지만 중소기업이 문제였다. 중소기업체는 임금 체불, 임금 인상 억제 등으로 간신히 버티고 있는데 임금을 대폭 인상하라고 하니 생존할 수 없는 게임을 하라는 것으로 받아들였다. 하지만 노총에서 강력하게 밀고 나오고 대기업이 찬성을 하니, 중소기업도 동참할 수밖에 없었다. 중앙 임금 단체 협상 기구가 없었다면 불가능했을 일이다.

세 번째는 에르란데르 총리의 정책이다. 이 부분도 매우 중요한 기여를 했다고 본다. 총리가 정책화하지 않았다면 노동 경제 모델로 끝나 버렸을지도 모른다. 에르란데르 총리는 렌-마이드너 모델이라는 이름을 후세에 남긴 실질적 주인공이다.

지속적 복지가 이루어지기 위해서는 기업과 노동, 재
정과 금융 등의 조화가 필수적이라고 했는데, 자세히
설명해 달라.

기업은 고용을 창출해 내는 곳이다. 친기업 정책은 아니더라
도 고용을 확대할 수 있는 환경을 만들어 주는 것이 정부의 역
할이다. 그렇다고 기업의 투자를 늘리도록 유도하기 위해 자
금 조달을 마음대로 할 수 있게 해주면 여유 자금이 늘고 주택
값이 상승해 인플레이션이 올 수 있다. 이것을 잡아 주기 위한
방법은 긴축 재정밖에 없다. 대신 저축을 늘려 자금이 다시 기
업으로 순환될 수 있도록 금융과 재정 정책을 펼쳐야 기업의
자금에 숨통이 트이고 투자에 나설 수가 있다.

정부의 노동 정책, 임금 정책, 실업 교육 정책은 모든 것을 하
나로 연결하는 수단이 된다. 연대 임금제를 통해 채산성이 좋
아진 기업은 문제가 없지만 급격한 임금 인상으로 경영 위기
가 찾아온 중소기업들은 시장 논리에 따라 파산할 수도 있다.
실업자의 재교육을 신속하고 효율적으로 제공해 다른 기업에
취업할 수 있도록 노동 교육 제도를 구축해야 한다.

장기적으로 중소기업들은 인건비 인상이라는 환경하에서 생
존하기 위해 기술력 향상, 공장 자동화, 노동 생산성 향상으
로 경쟁력을 강화할 것이다. 이렇게 다져진 힘은 국제 무대에

서도 살아남는 원동력이 된다. 대기업은 여유 자금으로 공장 확장, 고용 확대에 나설 수 있다.

세계 재정 위기, 실업률 증가, 사회 복지 약화로 스웨덴 노동 모델이 점차 힘을 잃어 가고 있는 것 같다. 미래를 전망한다면.

스웨덴 모델은 지금과 같이 진행된다면 사멸되고 말 것이다. 사민당이 약화되어 30퍼센트 지지율 정당으로 가고 있는 상황에서 복지 제도를 지탱해 나갈 힘이 없다. 우파 정당들의 집권으로 민영화와 세금 축소를 통해 시장 경쟁을 유도하는 과정에서 공공복지는 점차 축소되어 갈 것이다.

스웨덴 국민이 세계에서 가장 행복하다고 느낄 수 있는 것은 복지 제도가 작동하고 있기 때문이다. 복지에 대한 국민의 기대와 신뢰가 높은 상태에서 정부가 복지 제도를 갑작스럽게 해체하지는 못할 것이다. 세금 부담률은 아직 스웨덴이 세계에서 가장 높은 수준에 있다. 복지를 유지하려면 필수적인 것이 복지 재정이기 때문이다. 이 같은 함수를 제대로 조합해야 스웨덴 모델을 유지할 수 있다.

한국이 한국적 복지 모델을 갖추려면 우선 지속적이고 안정적인 복지 재정을 확보한 후 그 수준에 맞추어 복지를 확장해 나가야 한다. 복지는 신뢰를 기초로 한다. 정부의 신뢰, 그리고 시장의 신뢰. 조세 제도가 투명해야 하고, 공평해야 한다. 투명 제도, 공평 조세에 대한 이론적 대책을 강구하지 못하면 국민 합의를 이끌어 낼 수 없다. 그렇지 못하면 결국 인기 영합주의나 갈등 유발형 모델에 빠지게 된다.

"민주주의는 완벽하지 않다" 오케 스벤손 고틀란드 시장

알메달렌 주간이 종반으로 치닫고 있던 날, 잠시 행사장을 뒤로하고 고틀란드 시청을 방문하기 위해 버스에 올랐다. 페리가 정박되어 있는 부둣가를 지나 가파른 언덕을 올라서 5분쯤 달리자 바로 오른쪽에 빨간 벽돌 건물들이 눈에 들어온다. 100년은 넘었을 것 같은 멋진 건물이다.

약속 시간 조금 전에 도착하니 시장이 벌써 안내를 위해 밖에서 기다리고 있다. 한 손으로 문을 잡고 서서, 한 사람씩 악수를 한 후 일행을 회의장까지 직접 안내한다. 탁 트인 회의실 중간에 있는 탁자를 가리키며 앉기를 권한다. 탁자 위에는 과일, 사탕, 과자, 따뜻한 음료와 차가운 물이 놓여 있다. 커피 한 잔을 따라 들고 의자에 앉았다.

우리를 안내한 오케 스벤손Åke Svensson 시장과는 여러 차례 만났다. 한국에서 온 시장, 군수, 노조 관계자, 청년, 시민 단체, 여성 단체, 교수 등 다양한 방문단들과 함께 만나 여러

번 강연을 부탁했다. 언제나 청바지 차림에 노타이의 재킷을
입고 나타나는 모습이 이제는 자연스럽다. 편한 옆집 아저씨
라는 표현이 딱 맞는다.

스벤손 시장은 정치에 입문하기 전 목회 활동을 했다.
정치에는 관심이 없다가 목사직을 유지한 상태로 고틀란드
시 의원으로 정계에 입문했다. 스웨덴에서 지역 정치인은 무
급으로 봉사를 하기 때문에 생계유지를 위한 별도의 직업이
있어야 한다. 광역, 기초 의원들은 주간에 직업 활동을 해야
하기 때문에 상임 위원회, 총회 회의는 모두 평일 저녁과 주
말에 이뤄진다. 스웨덴에서 지역 정치인은 흔히 '취미 정치인
Fritidspolitiker'이라고 불린다.

고틀란드시의 정치 구도에 대해 간단히 설명해 달라.

나는 제1당 사민당 소속이다. 우파 정당 연합보다는 의석수가
적어서 좌파 계열의 좌파당, 환경당, 여성당과 연립 체제를 구
축해 여당 역할을 하고 있다.

야당과 충돌하는 경우에는 어떻게 갈등을 풀어 나가나.

스웨덴의 다른 지역 의회도 마찬가지겠지만, 연립 여당이 다

수를 차지하고 있더라도 절대로 힘으로 밀어붙이지 않는다. 그렇게 했다가는 바로 유권자들 눈 밖에 날 것이다.

최근 가장 큰 정쟁의 대상은 페리 요금 문제다. 페리 요금이 너무 비싸고 하루에 두 번밖에 운행하지 않아 불편하다는 것이다. 스톡홀름으로 출퇴근하는 사람들이 많고, 주말에는 관광객들도 많이 들어와 주민들의 생활이 불편하다. 주민과 관광객의 요금을 차별화해서 싸게 하는 방법이 있었지만, 관광객들만 비싼 요금을 내게 하는 결과이기 때문에 각 정당들의 의견이 달랐고 첨예하게 대치할 수밖에 없었다.

정당들이 머리를 맞대고 협의한 결과 주민들에게는 요금을 더 낮게 책정하되, 세금으로 일부 요금을 페리 회사에 지원해서 수익 손실금을 메우도록 했다. 페리를 자주 이용하지 않는 주민들 입장에서는 세금 낭비가 될 수 있는 결정이다. 하지만 모두를 만족시키는 정책은 사실 존재하지 않는다. 그래서 합의할 수 있었다. 여행을 자주 하지 않는 주민들의 다수는 노년 인구이기 때문에 사회 복지 시설을 확충하는 쪽으로 접근하려 하고 있다.

만약 합의가 되지 않았다면 어떻게 했을까.

결국 표결을 했을 것이다. 표결은 주민들이 우리에게 준 정당한 수단이고 최종 절차다. 표결은 평화적으로 진행되고, 진 쪽도 받아들인다. 끝까지 합의를 시도하다가 불가능할 때는 표결이 가장 좋은 민주적 해결 방식이다. 결과는 모두가 당연히 수긍한다.

민주주의는 완벽하지 않은 제도다. 합의를 했다고 해도 모두가 만족하는 해법을 찾는 것은 거의 불가능하다는 시장의 말은 우리가 귀담아들어야 할 말이다.

시장실은 5평 정도 되는 아주 작은 방이다. 바로 옆에 있는 행정 비서 사무실과 큰 차이가 없다. 게다가 유리문으로 되어 있어 투명하게 들여다보이는 구조다. 고틀란드 시청은 시장실뿐 아니라 모든 사무실이 유리문으로 되어 있었다. 서로가 하는 일을 투명하게 공개하고 수시로 소통할 수 있는 구조가 아닐까 생각했다.

스벤손 시장은 시장실을 나서며 시 로고가 인쇄된 에코백을 선물로 주고는 안전 헬멧을 썼다. 그리고 다음 일정 때문에 행사장으로 이동해야 한다며 자전거를 타고 떠났다. 스벤손 시장의 모습을 보면서 존경과 권위는 스스로 내세우려 할 때 오히려 잃게 된다는 사실을 떠올렸다.

에필로그   우리에게는 축제의 정치가 필요하다

정치는 우리 일상의 일부다. 하지만 많은 사람들이 정치를 돈, 권력, 부패, 중상모략과 같은 부정적 단어들과 연관 지으며 꺼린다. 하지만 정치를 혐오하고 멀리할수록 결국 손해는 시민이 입는다. 국회가 만든 법, 정부의 정책, 주민 서비스 등은 정치의 결과물이다. 시민이 정치에 무관심하고 멀리하면 할수록 정치인들의 자질과 능력은 떨어질 수밖에 없고, 나눠 먹기식 예산 배정은 분배의 불평등이라는 형태로 부메랑이 되어 돌아온다. 결국 정치적 무관심과 혐오에 따른 정치적 참여의 결여는 민주주의 발전에 큰 장애물이다.

7년 동안 알메달렌의 정치를 직접 체험하며 우리나라 정치의 현실을 떠올렸다. 그럴 때마다 되뇌는 것은 "어떻게 하면 우리나라의 정치를 바꿀 수 있을까. 재미있고, 쉽게, 그리고 축제 같은 분위기 속에서 누구나 참여하는 정치, 믿을 수 있는 정치로 만들 수는 없을까"였다. 정치를 축제로, 일상으로 만드는 알메달렌의 장점을 통해 우리 정치의 나아가야 할 방향을 고민해 보았으면 한다.

1주일의 알메달렌 주간은 형식과 격식을 벗어 버리고 휴가를 즐기면서 정치인들과 나누는 쌍방향 소통 정치의 현장이다. 정치인들은 자신들의 이야기를 전하는 것이 아니라 내가 궁금한 것을 그 자리에서 들려준다. 모든 정당의 당 대표, 정책 최고 책임자가 한자리에 모여 대안을 제시하기 때문에 즉석에서 원하는 대답을 들을 수 있다. 여기서 제기된 날카로운 비판들은 바로 정책에 반영될 수 있어 정치적 영향력도 크다.

알메달렌은 모든 정당에게 멍석을 깔아 주고 참가한 사람들이 골라서 볼 수 있게 해주는 정책 장마당 같다. 모든 정당이 한자리에 모여 설명하기 때문에 한 정당씩 찾아다니며 정책을 들을 필요가 없다. 정당들이 내가 궁금해하는 문제를 어떻게 생각하고 있는지 비교해 보고 검증할 수 있다. 여기서는 정치인과 정당은 갑이 아닌 을의 입장이 된다. 정치인의 어깨에 힘이 들어갈수록 그 정당의 멍석 주위에는 사람들이 모이지 않는다. 어깨에 힘을 빼고 우리의 눈높이 수준에 맞춰 접근하는 정치인들의 발표장은 항상 사람들로 붐빈다.

알메달렌은 축제다. 골목마다 박수가 있고, 환호하며 갈채를 보내는 시민이 있다. 세미나장마다 음료수와 기념품으로 찾아 준 청중에게 답례한다. 세미나가 끝나면 토론자들에게 꽃을 주거나 포옹과 볼 키스로 화답한다. 서로 상극인 것처럼 싸우는 모습은 열띤 정책 토론장에서도 발견할 수가 없다. 그만큼 성숙한 정치 문화와 축제 문화를 보여 준다. 정치는 성숙할수록 축제화된다는 말이 실감이 난다. 권력 싸움의 승자와 패자는 없다. 권력은 나눠 가질수록 시너지 효과를 낸다. 이것이 상생의 정치, 통합의 정치가 지향하는 모습이다. 축제의 중심에는 국민을 위한 민생 정치가 있다.

알메달렌은 정치 학습장이다. 1주일간 펼쳐지는 알메달렌에는 4000여 개 이상의 세미나가 열린다. 웬만한 정책은 총망라되어 있다. 육아, 가족, 교통과 같은 일상의 정책에서부터 외교, 국방, 우주까지 상상 가능한 정책은 거의 다 들어가 있다고 보면 된다. 우연히 골목 구석구석을 지나치다 마주치는 세미나에서 생각지도 못한 주제를 만났을 때에는 정책이란 잊고 있다가 가끔 그 중요성을 떠올리는 공기와 같은 것이 아닌가 생각하기도 했다. 세미나에서 챙겨 온 책자와 기초 자료들은 다시 공부할 중요한 자료가 된다. 1주일 동안 세미나를 기웃거리다 보면 가방은 무거워져만 간다. 어느새 정책 전문가가 된 듯 뿌듯해지는 이유이기도 하다.

알메달렌은 카페 정치다. 알메달렌의 골목골목에는 야외 카페가 있다. 작은 카페 앞마당에도 여지없이 세미나들이 열리고 있다. 커피 한 잔을 놓고 듣는 정치 토론은 향내만큼이나 운치가 있다. 정치와 커피 향기는 서로 잘 안 어울리는 단어 같지만 이곳에서는 궁합이 참 잘 맞아떨어진다. 카페들은 정치인들의 이름과 토론 주제를 음료 메뉴와 함께 적은 메뉴판을 제공하기도 한다. 휴식의 공간인 카페도 중요한 정치 학습장이 되는 셈이다. 이렇게 정치는 휴식과도 같은 자연스러운 일상의 주제가 된다.

알메달렌은 특권을 내려놓은 사람들의 정치 향연이다.

권위와 힘을 뺀 정치는 자연스럽게 즐거운 축제 분위기를 만들어 낸다. 정치인을 위한 특별한 의전이 필요 없고, 행사 때마다 유명한 정치인을 소개할 필요가 없다.

우리나라 학술 행사에 가보면 국제회의에서조차 참석한 정치인들을 소개하느라 본 행사에 들어가기까지 한참 걸린다. 외국에서 손님을 모셔 놓고 정치인을 인사시키는 나라는 우리나라밖에 없다. 누구를 위한 자리인지 모르겠다. 유명 정치인일수록 인사만 하고 행사 중간에 빠져나가는 일을 당연시한다. 그런 정치인은 청산 후보 순위 1위에 올려야 마땅하다.

알메달렌에서 정치인은 인사만 하고 사라지는 특별 손님이 아니라, 토론의 주인공이자 시민의 동료이다. 전문적인 정책으로 무장한 정치인들은 국민이 정책을 보는 눈을 한 단계 높여 준다. 이러한 정책에 대한 감각은 선거에서 한 표로 행사된다. 이렇게 능력 있는 정치인, 수준 높은 시민, 훌륭한 정치 문화로 이어지는 선순환 구조가 만들어진다. 정치적 식견과 견해가 명확하지만 다르다는 이유로 배척하지 않는다. 상대가 있어야 정치는 존재한다. 나의 의견만이 최고라는 생각은 획일적 절대주의로의 회귀일 뿐이다.

민주 정치는 독점 권력에서 다수의 권력 분점으로 나아가는 과정의 정치다. 처음 절대 권력에 저항한 세력은 귀족이었지만, 권력에 취해 특권을 버리지 못한 귀족 정치는 국민적

저항을 받을 수밖에 없었다. 프랑스는 1800년대에만 왕정 세 번, 제정 세 번, 공화정 세 번을 경험했다. 특권을 가진 자들이 권력을 놓지 않아 매번 국민의 저항이나 외국의 군대에 의해 정권이 교체되었다. 권력은 쥐고 있으려 할 때 가장 큰 저항을 받고 외세의 침략에 취약해진다는 사실이 역사로 확인된 셈이다.

이제 정치의 전문화를 이뤄야 할 때다. 정치인은 특권계층이 아니라 정책 전문가가 되어야 한다. 그러려면 논리적 토론 능력과 정책 전문성을 갖춘 정치 지망생들이 정계에 입문해야 한다. 이들은 특권을 내려놓고 공부하고 봉사할 준비가 되어 있는 사람들이어야 할 것이다.

정치권을 바꾸려면 국민이 먼저 변해야 정치인이 변한다는 생각이 필요하다. 대립과 갈등을 끝내기 위한 작은 변화의 시작을 알메달렌의 만남의 정치, 축제의 정치가 전하는 메시지에서 찾기를 바란다.

주

1 _ 스웨덴의 차별 옴부즈맨은 국민이 차별을 받았다고 느꼈을 때 신고할 수 있는 일종의 국민 청원 관리 기관이다. 신고된 사안은 반드시 조사 후 당사자에게 결과를 통보한다. 조사 결과에 따라 정부에 시정을 요청할 수 있다.

2 _ 대학 캠퍼스 개발원은 대학 캠퍼스의 건축과 관리를 담당하는 스웨덴의 국가 기관이다.

3 _ 프레데릭 라인펠트는 2006년부터 2014년까지 총리를 역임한 스웨덴의 정치인이다.

4 _ 아랍의 봄은 2010년 말 중동과 북아프리카에서 촉발된 반정부·민주화 시위를 말한다. 북아프리카의 튀니지에서 독재 정권이 종식되면서 중동 전역으로 확산됐다. 그러나 튀니지 외에는 민주화에 성공하지 못하고 무정부 상태나 내전 상황에 빠진 국가들이 속출하면서 난민이 크게 증가하고 있다.

5 _ 살트쉐바덴 협약은 1933년 이후 스웨덴 노조의 장기 파업과 직장 폐쇄 등으로 국가적 위기에 봉착하자 집권 사민당과 농민당 연립 정권의 법 제정 압력에 따라, 스웨덴 노동자 총연맹(LO)과 경영자 총연합회(SAF)가 1938년부터 2년간 협상 끝에 노동 시장 위원회, 임금 협상, 노동자 해고, 노동 쟁의 등 4개 조항에 합의한 노사정 협약을 말한다. 1938년 체결된 협약은 스웨덴의 노사 문화뿐 아니라 사회의 타협 문화를 바꾼 역사적 의미가 있는 양자 간 타협 정신이라는 의미로 살트쉐바덴 정신이라는 용어로 역사 교과서에 서술되고 있다.

북저널리즘 인사이드　　　행복한 나라의
　　　　　　　　　　　　정치하는 시민들

"학교 운동장에서 친구들이 축구를 할 수 있도록 선을 그어 주었어요."

'정치에 참여하고 있느냐'는 질문을 받은 스웨덴 초등학생의 답이다. 저자가 한 초등학교에서 던진 이 질문에 거의 모든 학생들이 비슷한 대답을 했다고 한다. 정치 활동의 구체적인 내용은 축구장 선 긋기, 쓰레기통 비우기, 친구의 가방 들어주기 같은 일상의 과제들이다.

저자는 스웨덴 정치의 강점을 일상과 소통에서 발견한다. 스웨덴 사람들에게 정치는 사회의 모든 구성원이 참여해야 하는 의무이자 권리다.

매년 여름 휴가철, 스웨덴의 휴양지 고틀란드섬에서 열리는 정치 축제 '알메달렌 주간'은 일상으로 스며든 소통의 정치가 발휘하는 힘을 분명하게 보여 준다. 일상에서 정치를 경험하는 시민들은 휴가지에서도 정치를 즐긴다. 휴가지에서 가장 듣고 싶지 않은 주제일 것 같은 정치를 전면에 내세운 축제가 전 국민적인 인기를 얻고 있는 이유다.

알메달렌을 찾은 모든 사람들은 시민이자 정치인이다. 누구나 생활 속에서 발견한 정책을 자유롭게 이야기한다. 어린이들은 눈이 나쁜데도 안경을 살 수 없는 친구들을 도울 정책을 고민하고, 연금생활자들은 안정된 노후를 보장할 연금제도 개선을 요구한다. 원자력 폐기물 처리 문제나 군부대의 양성 평등 문제 같은 무거운 이야기도 축제의 일부로 자연스럽게 다뤄진다.

스웨덴은 흔히 '가장 행복한 나라'로 불린다. 수준 높은 복지 시스템과 양성 평등 문화를 바탕으로 매년 발표되는 각종 국제기구의 설문 조사나 연구 결과에서 행복 지수 상위권에 오른다. 많은 사람들이 스웨덴 이민을 꿈꾸고, 스웨덴의 정책을 부러워한다.

그러나 수준 높은 정책과 문화의 이면에는 '정치하는' 시민들이 있다. 일상에서 적극적으로 정책을 배우고 정치에 참여하는 시민은 정치인과 수시로 소통하면서 스웨덴을 바꿔 나가고 있다.

'헬조선'이라는 말은 유행어가 되었고, 국회의원을 비하하는 신조어도 등장했다. 수준 낮은 정치가 나라를 망친다는 비판도 끊이지 않는다. 이제는 시민이 행동해야 한다. 신중하게 한 표를 행사하는 것부터 일상에서 문제를 제기하고 해법을 고민하는 일까지 모두 시민의 몫이다.

일상의 정치를 축제의 정치로, 그리고 더 나은 국가 시스템으로 발전시키고 있는 스웨덴에서 한국 정치의 미래를 본다.

김하나 에디터